주스바 레시피에서 창업과 운영까지

처음 시작하는
소액 주스바 창업

주스바 레시피에서 창업과 운영까지

처음 시작하는 소액 주스바 창업

| 백서연 · 장서령 지음 |

Contents

Prologue _007

PART 01 웰에이징 시대 로푸드가 답이다

Section 01 로푸드란 무엇인가 _010
Section 02 로푸드의 좋은 점 _012
Section 03 로푸드에서 주로 쓰이는 음식재료 _014
Section 04 요리의 화룡점정(畵龍點睛), 허브 소개 _017
Section 05 해초의 종류 _018
Section 06 로푸드 양념 및 향신료 _020
Section 07 로푸드에 필요한 조리도구 _022
Section 08 로푸드 배우기 _024
Section 09 디톡스란 무엇인가? _025
Section 10 디톡스주스의 변천 _026
Section 11 주스 vs 스무디 _028
Section 12 주스클렌즈 프로그램과 효과 _029
Section 13 주스클렌즈 프로그램 후기 _030

PART 02 로푸드레시피

• 주스클렌즈

Recipe 01 키위그린주스 _035
Recipe 02 스트로베리그린주스 _036
Recipe 03 석류주스 _038
Recipe 04 비트주스 _040
Recipe 05 적채주스 _040
Recipe 06 밀싹즙 _042
Recipe 07 용과주스 _044
Recipe 08 시트러스주스 _046
Recipe 09 사과당근주스 _048
Recipe 10 사과그린주스 _050
Recipe 11 셀러리주스 _050

• 스무디클렌즈

Recipe 01 미란다커주스 _053
Recipe 02 사과파인스무디 _054
Recipe 03 망고스무디 _056
Recipe 04 그린파인애플스무디 _056
Recipe 05 홍시스무디 _058
Recipe 06 바나나대추야자스무디 _060
Recipe 07 체리스무디 _062
Recipe 08 케일그린스무디 _065
Recipe 09 딸기스무디 _067
Recipe 10 수박스무디 _067

• 로푸드수프

Recipe 01 당근수프 _069
Recipe 02 아보카도수프 _070
Recipe 03 토마토수프 _072
Recipe 04 오이수프 _072

• 클렌즈 전·후 보식

Recipe 01 과카몰리 _075
Recipe 02 케일부리또 & 타히니 소스 _076
Recipe 03 러 김밥 _080
Recipe 04 루꼴라샐러드 _084
Recipe 05 콥샐러드 _082
Recipe 06 토마토살사 _084
Recipe 07 크림스파게티 _086
Recipe 08 블루베리푸딩 _088

• 로푸드디저트

Recipe 01 에너지바 _091
Recipe 02 크레페 _092
Recipe 03 로쵸컬릿 _094
Recipe 04 레몬치즈케잌 _096

• 디톡스워터

Recipe 01 디톡스 워터 _100

PART 03 디톡스주스바 창업하기

Section 01 디톡스주스바 오픈을 위한 마인드 세팅 _104
Section 02 창업절차 _106
Section 03 자금계획 세우기 _108
Section 04 매장 구상하기 _112
Section 05 가게입지 선정하기 _114
Section 06 내가 원하는 상가 찾기 _116
Section 07 상가계약하기 _118
Section 08 인테리어 진행하기 _121
Section 09 인테리어 업체 선정하기 _126
Section 10 시설 및 기기 _129
Section 11 주방집기 및 일회용품 _132
Section 12 재료 공수하기 _134
Section 13 위생교육과 사업자 등록,
각종 인허가 받기 _136
Section 14 세금관련 _138
Section 15 메뉴 콘셉트 잡기 _140
Section 16 직원 채용 _142
Section 17 가게 홍보하기 _144
Section 18 고객 관리하기 _146

Prologue

히포크라테스는 '내가 먹는 것이 바로 나'라고 말했습니다. 스트레스와 불규칙적인 식습관으로 엉망이 되어있던 몸을 주스와 로푸드를 통해서 개선하고 현재는 누구와 만나도 건강해 보인다는 말을 듣고 있습니다. 조금씩의 변화가 쌓여 내가 만들어지는 것이기 때문에 바른 식생활이 얼마나 중요한지 체감하고 있고, 이러한 긍정적인 변화를 이 책을 읽는 독자 그리고 독자의 가족과 친구 더 나가 그 지역사회에까지 전파되기를 희망합니다. 책을 통해 많은 분이 로푸드 그리고 디톡스주스에 대해 확신이 생기기를 희망합니다. 또한 소액으로 창업을 준비하는 분, 디톡스주스바를 창업하고자 하는 분께 작은 지침서가 되기를 희망합니다. 작은 가게라도 오픈하고 운영하는 것은 수많은 인내와 어려움이 기다리고 있습니다. 그런 창업의 길에서 동반자가 될 수 있도록 최대한 저희 경험을 가득 담았습니다. 생생한 창업의 노하우와 이야기를 보실 수 있을 겁니다. 독자 여러분 감사합니다. 사랑합니다.

책이 나오기까지 힘써주신 모든 분께 감사드립니다. 3년간 주스바를 운영할 수 있게 물심양면으로 도와주신 가족들 사랑합니다. 후르츠바스켓 가맹점주님들 앞으로도 함께 힘내요.

Raw-food

PART
0 1

웰에이징 시대
로푸드가 답이다

웰에이징은 노화를 거스르기보다는 현명하고 건강하게 늙어간다는 개념으로 최근 웰빙을 넘어 웰에이징이 화두가 되고 있습니다. 히포크라테스는 '내가 먹는 것이 바로 나'라고 말했습니다. 100세 시대를 준비하는 요즘, 좋은 음식을 잘 먹는 것이 건강을 지키는 가장 쉽고 중요한 방법입니다. 이처럼 건강이라는 키워드가 사회 전반의 트랜드가 되면서 로푸드(raw-food)에 대한 관심도 높아졌습니다. 로푸드는 미란다 커, 기네스 펠트로 등 유명 헐리우드 스타들의 다이어트 방법으로도 알려지면서 인기를 모으고 있습니다.

Section 01
로푸드란 무엇인가

로푸드(raw-food)는 가열하거나 가공하지 않은 자연상태 그대로의 음식재료를 이용하여 만든 생채식 요리입니다. 즉, 섭씨 46도 이상의 열로 조리하지 않은 음식, 버터나 우유 등 유제품을 넣지 않은 음식을 섭취하는 방법으로 주로 채소나 과일, 곡류, 견과 등의 음식재료를 자연 그대로 조리합니다. 우리가 먹는 착즙 주스나 스무디 같은 형태에서부터 스파게티, 피자, 수프 등 일상의 요리들을 자연 건조 시키거나 갈고 섞는 등의 불을 쓰지 않는 간단한 조리법으로 즐기실 수 있습니다.

● 로푸드 이야기

로푸드는 여러 기원설이 있지만 1890년대 스위스 의사 맥시밀리언 버처 베너 박사를 통해 정립되었다고 합니다. 그는 우연히 사과가 자신의 황달 증상을 호전시키는 것을 보고 이를 계기로 날음식의 효소가 인간의 건강에 미치는 영향을 깊이 있게 실험하기 시작했습니다. 이후 로푸드가 비만, 고혈압, 당뇨 등 만성질환을 예방하는데 도움이 될 것이라는 다양한 연구 결과들이 나왔습니다. 해외에서는 로푸드 레스토랑이 성행하고 마트 내 로푸드 제품 코너가 따로 있을 정도로 활성화된 식습관입니다.

● 로푸드와 효소

많은 분께서 자연 그대로의 채소를 신선한 상태로 섭취하면 막연히 몸에 좋을 것으로 생각하지만, 막상 로푸드가 무엇인지, 그리고 왜 좋은지를 물어보면 답변을 어려워하는 경우가 많습니다. 여기에 대한 답변은 바로 효소에 있습니다.

효소란 우리 몸에서 소화, 흡수, 노폐물 배출, 해독, 살균 등 신진대사와 관련한 활동을 돕는 물질입니다. 효소는 인간 생명의 모든 작용에 관여하기 때문에 우리는 효소 없이 살아갈 수 없습니다. 효소는 기본적으로 살아있는 모든 동물과 식물에 함유되어 있습니다. 그러나 식물의 속성 재배, 또는 농약 오염 등으로 효소가 부족한 식물이 많으며, 조리과정에서 열을 가하면 효소는 파괴됩니다.

효소는 크게 대사효소와 소화효소로 나뉩니다. 소화효소는 음식을 먹었을 때 소화를 돕고, 대사효소는 우리 몸을 정상 기능으로 유지시키는 역할을 합니다. 현대인들은 과식, 불규칙한 식생활, 과도한 식품첨가물 섭취 등을 통해 체내 효소 기능이 저하됩니다. 또한 우리 몸에 좋은 음식재료라도 열을 가하여 조리하게 되면 영양소나 효소의 파괴가 일어납니다. 특히 소화, 대사에 관련한 효소들은 46도 이상 가열하면 쉽게 파괴된다고 합니다.

음식을 통해 효소를 얻기 가장 좋은 방법은 로푸드를 즐기는 것입니다. 우리 생명을 유지해주는 원천이라 할 효소가 풍부한 로푸드를 섭취함으로써 신진대사를 활성화시키고, 우리 몸을 살이 덜 찌는 체질로 변화시키며, 몸 속 밸런스를 찾을 수 있습니다.

〈출처 : 파워푸드 슈퍼푸드, 2010. 12. 11〉

Part01 / 웰에이징 시대 로푸드가 답이다

Fresh from the Tropics,
READY TO EAT
Del Monte Gold
Del Monte
Extra Sweet Pineapple
Ripe & Naturally Sweet

Section 02
로푸드의 좋은 점

● **먹으면서 살 빼는 다이어트**

"나는 굳이 다이어트를 하지 않아요. 하루에 다섯 끼를 먹을 정도로 먹는 걸 좋아하죠" 할리우드 스타 메간 폭스가 인터뷰에서 한 말입니다. 트랜스포머에서 멋진 모습을 보여주었던 그녀의 몸매 비결은 바로 로푸드. 신선한 채소와 과일을 마음껏 섭취하면서도 영양은 충분히 공급해 포만감을 쉽게 느끼고 활력을 얻을 수 있는 방법이 로푸드 다이어트입니다.

● **조리가 간편해요**

평소 요리를 즐기는 분이라도 더운 여름, 불 앞에 서서 요리하고 싶지는 않습니다. 로푸드는 믹서에 갈거나 썰고 다지는 등의 간단한 과정을 통해 조리되기 때문에 비교적 빠르고 쉽게 조리할 수 있습니다.
게다가 불을 쓰지 않기 때문에 아이들과 함께해도 안전하고, 먹어보며 맛을 조절할 수 있으므로 초보자들도 쉽게 접근할 수 있습니다.

● **변비가 개선되고 장이 튼튼해져요**

최근 면역력과 관련하여 장 건강이 이슈입니다. 변비와 같이 작고 사소하게 시작된 장 질환은 점차 장의 면역력을 떨어뜨리고 몸 전체의 면역력 저하를 불러와 우리 몸을 질병에 취약한 상태로 만들 수 있습니다. 특히 트러블 없는 피부 역시 건강한 장에서 시작하기에 장이 건강해야 면역력도 좋아지고 피부미용도 지킬 수 있습니다.
로푸드를 즐기면 채소와 과일, 통곡물에 많은 풍부한 식이 섬유를 섭취하게 됩니다. 이는 장 기능이 살아나고 변 부피를 늘려 쾌변을 통해 노폐물과 유해균이 잘 배출되는 상태로 개선되는 데 도움을 줍니다.

● **만성피로가 사라졌어요**

예전에는 충분한 잠을 잤음에도 컨디션이 떨어지고 몸이 부은 것 같은 느낌을 지울 수 없었습니다. 하지만 로푸드를 실천한 이후 알칼리성인 채소와 과일을 많이 먹으면서 PH 밸런스를 맞추게 되니 무기력함이 사라졌습니다. 우리 몸은 8:2 정도의 알칼리성과 산성 음식을 먹는 것이 좋다고 하는데, 과거의 저는 피곤할 때면 고기를 먹으며 영양보충을 한다고 생각했던 것입니다. 그리고 채소에 풍부한 칼륨 섭취도 늘면서 나트륨 배설이 잘되다 보니 부종도 사라졌답니다.

● **이너뷰티**

로푸드에 입문하는 분에서 가장 많이 하는 이야기가 "피부 톤이 맑아졌어요", "뾰루지가 사라졌어요" 입니다. 열을 가했을 때 쉽게 파괴되는 영양소 중 하나가 비타민이죠. 로푸드를 하면 항산화 작용이 풍부한 비타민과 무기질을 많이 먹을 수 있으니 피부미용에 좋고 노화 방지에도 효과적입니다. 또 보습감 있는 재료를 많이 사용하므로 수분 공급에도 좋답니다.

'뉴밀(new-meal)족' 이라는 신조어가 생겼습니다. 채식은 물론 디톡스(detox·체내에 축적된 독소 제거), 로푸드(raw-food·익히지 않은 음식), 슈가 프리(sugar-free·설탕류를 뺀 음식) 등 새로운 식단과 조리법을 추구하는 이들입니다. 언론에서는 이들을 특별한 사람들인 양 포장하기도 하고, 별난 사람들이라 치부하기도 합니다.
그런데 생각해보세요. 불과 몇백 년 전으로만 거슬러 올라가도 우리 조상들은 자연 그대로의 음식재료를 최소한의 불을 사용하여 요리 했습니다. 아마 고기란 일년에 몇 번 먹을 수 없는 음식이니 지금으로 치면 비자발적인 플렉시테리언(flexitarian:채식을 기본으로 하지만 가끔 육식도 하는 융통성 있는 채식인)쯤 되겠지요. 설탕은 조선 초에 들어온 것으로 알려졌으나 흔히 농작할 수 있는 작물이 아닌 관계로 즐겨 먹었을 리가 없습니다.
결국, 로푸드는 인스턴트식품으로 대표되는 빠름과 편리함 사이에서 잃어버린 인류 태초의 먹거리를 찾아가는 과정입니다. 쌓인 독소가 많으니 자연스레 디톡스가 되는 것이고 또 해독 효과를 위해 주스클렌즈를 도전하기도 하겠죠. 이 부분을 놓치지 않는다면 아마 글을 읽는 여러분은 배불리 먹으면서도 살이 찌지 않는 체질을 가지게 되고 적게 자도 몸이 가벼워지는 경험을 할 수 있습니다.

Section 03
로푸드에서 주로 쓰이는 음식재료

로푸드에서도 우리 몸에 필요한 5대 영양소를 골고루 섭취할 수 있습니다. 뿐만 아니라 파이토케미컬과 같은 현대인에게 중요한 기능성 물질들을 섭취하기에도 최적화 되어있죠. 재료 본연의 맛을 즐기기 위해서는 신선하고 좋은 재료를 따져가며 고르세요

● 잎채소

'기적의 밥상(Eat to Live)'의 저자인 조엘 펄먼 박사는 건강에 가장 도움이 되고 영양소가 가장 풍부한 식품으로 시금치, 케일, 근대 같은 녹색 잎채소를 꼽았습니다. 로푸드의 기본이 되는 잎채소는 비타민A, C, E와 칼슘, 철분, 마그네슘과 같은 필수 미네랄, 그리고 항산화 물질인 파이토케미컬이 풍부하여 강력한 면역력 증강과 항암 효과가 있다고 밝혀져 있습니다.

케일, 시금치, 상추, 양배추, 치커리, 배추, 청경채 등

● 뿌리채소

땅의 기운이 가득한 뿌리채소는 풍부한 식이섬유와 해독작용 그리고 따뜻한 성질을 띠고 있어 특히 겨울에 고르기 좋은 음식재료입니다. 만졌을 때 단단하고 색이 선명한 것을 고르세요.

당근, 무, 래디쉬, 양파, 감자, 고구마, 우엉, 마 등

● 열매채소

과채류라 분류하는 열매채소는 식이섬유가 많고 칼로리는 비교적 낮아 다이어트를 원하는 분에게 추천합니다. 흔히 과일로 착각하는 많은 채소가 열매채소의 범주에 들어있습니다.

오이, 호박, 참외, 고추, 토마토, 가지, 수박, 딸기 등

● 견과류&씨앗류

단백질과 미네랄 뿐 아니라 오메가-3 지방산이 풍부해 기분을 좋게 하는 효과가 있습니다. 또 다른 채소와 같이 먹었을 때 채소에 들어있는 영양분의 흡수를 증가시키는 효능이 있어 로푸드에서 꼭 필요한 재료입니다. 견과류를 구입할 때는 반드시 볶지 않은 생견과류를 구입하세요. 물에 담갔다 먹는(soaking) 과정을 겪으면 소화가 쉬워지고 각종 불순물이 제거되며 영양 가치도 증가합니다.

견과류 : 아몬드, 호두, 피칸, 캐슈너트, 땅콩, 잣, 마카다미아 등

씨앗류 : 호박씨, 해바라기씨, 아마씨, 치아씨, 참깨, 들깨 등

● 과일

단맛을 내고 비타민과 탄수화물의 공급처인 과일은 주스나 스무디, 샐러드, 디저트 등 로푸드에서 빼 놓을 수 없는 재료입니다. 다이어트 중이거나 당뇨 등 기저질환이 있는 경우에는 GI 지수가 낮은 과일을 선택하세요. GI 지수가 낮은 과일로는 귤, 사과, 아보카도, 배 등이 있습니다.

사과, 배, 포도, 파인애플, 바나나, 아보카도, 복숭아, 살구, 키위, 레몬, 자몽, 오렌지 등

GI 지수 : 혈당지수(Glycemic index;GI)란 일정한 양의 시료식품 탄수화물을 섭취한 이후의 혈당 상승 정도를 같은 양의 표준의 탄수화물 식품 섭취 후의 혈당 상승 정도와 비교한 값입니다. 즉 GI 지수가 높을수록 혈당치를 높이는 속도가 빨라집니다.

● 통곡물

리쥬베락(rejuvelac)이 인기를 끌면서 통곡물에 대한 관심도 높아졌어요. 로푸드에서는 도정과정에서 영양소 파괴가 있다고 하여 정제하지 않은 통곡물을 씁니다. 불린 곡물은 아침에 건강음료를 만들어 마셔도 좋고, 샐러드 등을 만들어 먹어도 좋겠습니다.

현미, 귀리, 퀴노아, 통메밀, 통보리 등

말린 과일

로푸드디저트를 만들 때 점성을 조절하고 단맛을 내는데 유용하게 쓰입니다. 불용성 식이섬유 함량이 높아 변비에 좋다고 알려져 있습니다.

곶감, 대추야자, 건포도, 건자두, 말린 블루베리, 말린 크랜베리, 말린 라즈베리 등

● 허브

외국 레시피를 보면 다채로운 허브를 이용한 로푸드를 만날 수 있습니다. 약효도 좋고 음식이 맛깔스러워지니 집에 허브 화분을 하나 키우는 것도 좋겠습니다. 한국식 로푸드를 만들 때는 평소 요리하는 향신채들을 사용합니다.

민트, 바질, 오레가노, 딜, 로즈마리, 마늘, 생강, 깻잎 등

● 해조류

칼슘과 요오드의 공급처입니다. 피를 맑게 하고 다이어트를 하는 분은 꼭 챙겨야 하는 음식재료입니다. 꼬들꼬들한 특유의 식감을 살리는 면 요리에 쓰이고, 샐러드로 만들어 먹어도 좋습니다.

미역, 다시마, 파래, 꼬시래기, 천사채, 톳 등

● 재료 물에 불리기(Soaking)

재료를 손질하기 전에 물에 불려놓는 것을 소킹(soaking)이라고 합니다. 씨앗이나 견과에는 효소억제제가 있어 소화를 더디게 하는데요. 견과류를 물에 담가서 불리면 효소 억제물질이 중화됨에 따라서 식품 속에 있는 효소들이 활성화되어 비타민이나 광물질이 소화 흡수되기 쉬운 상태가 될 뿐 아니라 견과류 속에 있는 글루텐 성분이 소화가 잘 될 수 있게 만들어 준다고 합니다. 또한 유통과정에서 생기는 먼지 등의 더러운 것이 씻겨나가므로 가능한 한 불려서 먹는 것이 좋습니다.

견과 및 씨앗은 생수에 불립니다. 캐슈너트처럼 부드러운 견과류는 2시간 이상 불리고, 아몬드와 같이 딱딱한 견과류는 8시간 이상 물에 불립니다. 물에 불리는 시간은 견과의 건조 상태에 따라 차이가 있으므로 상태를 보아가며 불립니다. 최근 인기를 끌게 된 마카다미아 너트에는 효소 억제제가 들어있지 않다고 하니 바로 섭취하면 됩니다.

● 보관

생견과류는 지방이 많아 산패의 위험이 크기 때문에 장기간 보관할 경우 밀폐용기에 담아 냉동실에 보관합니다. 미리 물에 불리면 쉽게 상하기 때문에 바로 사용하거나 식품건조기에 46도 정도로 바삭하게 말리는 것이 좋습니다. 건조기에 말리면 바삭한 식감은 살아나고 오래 보관할 수 있어 필요할 때 바로 쓰기 좋습니다.

견과/씨앗 불리는 시간

종류	시간	종류	시간
아몬드	8~12	해바라기씨	4~6
호두	6~8	피칸	4
캐슈너트	2	메밀	4~6

Section 04
요리의 화룡점정(畵龍點睛), 허브 소개

향긋한 깻잎, 방아꽃 등 한국에서 자라는 허브들이 우리의 밥상을 더욱 풍요롭게 해 주듯, 서양 요리를 접할 때 바질, 민트 등의 허브는 잃어버린 미각도 되찾아주는 중요한 역할을 합니다. 로푸드에서도 한식 메뉴는 물론이고 파스타나 피자 등 다양한 요리에 사용되는데요. 저는 특히 수프에 허브를 넣으면 풍미가 깊어져 즐겨 사용합니다. 허브에도 기본적인 맛 궁합이 있습니다. 또 바로 따서 쓰는 것이 좋은 허브도 있지만, 말려서 쓰는 것이 좋은 허브도 있습니다.

● 바질
토마토에는 역시 바질이지요. 카프레제 샐러드나 피자 등을 만들 때, 그리고 바질페스토를 만들 때 주로 사용하는 바질은, 소스나 수프 등에 이용해도 좋습니다.

● 루콜라
열무와 비슷하게 톡 쏘는 맛이 매력적인 루콜라. 특유의 매운 맛은 피자나 파스타에 올려먹을 때 입맛을 돋워줘요. 샐러드로 사용할 때는 보다 순한 맛이 나는 채소들과 섞어 먹는 것이 좋습니다.

● 민트
고대로부터 항균과 통증 완화에 효과적이라는 민트는 상쾌하고 깔끔한 맛에 차로 많이 마시지만, 요리에 사용해도 좋답니다. 스무디나 수프 등에 섞으면 여름철 시원하게 즐길 수 있습니다. 로푸드 아이스크림이나 후식 메뉴에도 사용하면 좋습니다.

● 딜
로마 시대 생명력의 상징이었으며, 중세에는 마녀로부터 지켜준다고 여겨져 마법의 물약 재료로 사용되었다는 신비한 딜도 많이 사용합니다. 피클을 담글 때 주로 사용되지만 취향에 따라 바질이 사용되는 곳에 대체해도 좋아요. 진정작용과 소화촉진 등의 효과가 있기 때문에 오일에 담갔다가 향신료 오일을 만들면 샐러드드레싱을 만들 때 맛을 한층 더 높여주는 효과가 있습니다.

● 이탈리안파슬리
우리나라에서 향나물로 불리는 이탈리안 파슬리는 장식용으로 사용되는 잎이 꼬불꼬불한 컬리파슬리와는 달리 모든 요리에 다양하게 사용됩니다. 컬리파슬리가 향이 무척 강해 다진 후 물에 씻어 사용해야 하지만 이탈리안 파슬리는 그대로 다져서 여기저기 뿌려 먹을 수 있으니 편리합니다. 마치 우리가 후춧가루를 뿌리듯 외국에서는 어떤 요리에서나 쉽게 사용합니다. 수프나 파스타 뿐 아니라 아이스크림이나 푸딩 등 어디든 잘 어울립니다. 외관상 미나리 잎이나 고수 잎을 닮기도 했지만 맛은 다르답니다.

Section 05
해초의 종류

특유의 꼬들꼬들한 식감 때문에 로푸드에서 많이 사용되는 해초는 요오드, 철분, 칼슘, 칼륨 등 무기질을 많이 함유하고 있는 데다 식이섬유도 풍부합니다. 식이섬유는 변비 개선 등 배변 활동을 원활하게 하고 장 트러블을 진정 시킵니다. 또 노폐물 배출을 도와 혈액순환과 신진대사를 좋게 하며 중금속 배출에도 좋습니다. 풍부한 비타민과 미네랄 성분은 혈액순환을 돕고 피로나 스트레스의 해소에 좋습니다. 게다가 칼로리는 100g당 26kcal 정도로 낮으니 다이어트에도 딱 맞죠.

● **꼬시래기**
단백질, 지방 등의 함유량이 적고 칼로리가 낮아 다이어트식에 좋습니다. 바다의 국수라 불리는 만큼 로푸드 면으로 활용하기 좋습니다. 꼬시래기에 함유된 타우린은 간 기능을 활성화해 해독작용을 돕고 피로 숙취 해소에도 좋습니다.
일반적으로 염장 꼬시래기를 판매하는데 색이 검푸르고 굵기가 고른 것이 좋습니다. 흐르는 물에 소금기를 제거하고 찬물에 담가 짠기를 빼낸 후 사용합니다.

● **다시마**
다시마의 하얀색을 본 적 있나요? 이건 이물질이 아니라 새포 액이 증발하면서 남은 만니톨 성분입니다. 고혈압 치료제의 구성물질인 만니톨은 혈압강하에 탁월합니다. 또 우유보다 칼슘 함량이 높아 나트륨 성분을 배출하는데 도움이 됩니다. 흔히 육수를 낼 때 사용하지만 다시마를 이용해서 쌈, 무침 등 다양한 요리가 가능합니다.

● **미역**
출산 후 미역을 먹는 이유는 식이섬유, 칼슘, 요오드가 풍부하기 때문입니다. 요오드는 신진대사를 활발하게 해주고 핏속 콜레스테롤을 흡착하고 중성지방을 분해하는 효과가 뛰어납니다. 또 노폐물을 잘 걸러주어 부종 제거에도 효과적입니다. 염장한 미역줄기를 이용할 때는 소금기를 제거한 후 사용합니다.

● **김**
러김밥은 한국인이 유독 좋아하는 로푸드요리 중 하나입니다. 김에 많은 타우린은 대표적인 피로회복 물질이자 간 기능 보호 물질입니다. 간기능을 강화하기 때문에 숙취에도 도움이 됩니다. 또 김에 포함된 비타민 B12는 고기를 먹지 않아도 부족하지 않게 채워주는 역할을 합니다.

● **고장초와 갈래곰보**
염증이나 알레르기를 진정시켜 피부미용에 도움을 준다고 합니다. 대부분 염장이므로 흐르는 물에 소금기를 제거하고 찬물에 30분 정도 담가 소금기를 빼 사용합니다. 해초비빔밥, 해초샐러드, 해초무침 등 다양하게 이용 가능합니다.

Section 06
로푸드 양념 및 향신료

● 단맛

: 아가베시럽
용설란이라 불리는 선인장 뿌리에서 추출한 당분입니다. 찬물에서도 잘 녹고 GI 지수가 설탕의 1/3 정도로 낮은 것으로 알려져 있어 많이들 사용하는 양념입니다. 또한 메이플시럽이나 꿀처럼 특유의 맛과 향이 없어 어느 요리에 써도 무난하고 특유의 보습력 때문에 디저트에 사용하기도 좋습니다.

: 메이플시럽
단풍나무에서 채취한 수액으로 만든 시럽입니다. 면역력을 증진한다는 아연과 소염 기능도 있고 칼륨, 칼슘, 마그네슘 등이 들어있어 항노화에도 도움을 줍니다. 하지만 특유의 향이 진해서 주로 주스나 디저트 등에 많이 사용됩니다.

: 스테비아
설탕의 300배 정도의 단맛을 가지고 있다 해서 당뇨 환자들의 관심이 높습니다. 국화과 식물인 스테비아의 잎과 줄기에서 추출한 천연감미료로 항산화작용이 있는 것으로 알려져 있습니다.

● 짠 맛

: 천일염
바닷물을 염전으로 끌어들여 바람과 햇빛으로 수분을 증발시켜 만드는 천일염은 정제염에 비해 몸에 좋은 미네랄 성분이 많이 들어있습니다. 마그네슘과 칼슘은 염화나트륨을 몸 밖으로 배출하는 기능이 있다고 합니다.

: 히말라야 핑크솔트
파키스탄의 히말라야에서 채취되는 암염인 히말라야 핑크솔트는 특유의 철 성분으로 인해 분홍색을 띠어요. 깨끗한 환경으로 일반 암염보다 질이 좋다고 알려져 있고 색도 곱기 때문에 요리 할 때 시각적인 자극을 주기도 좋습니다.

: 생발효간장
일본에서 유행인 나마쇼유라 불리는 생발효간장은 일반 간장과는 다르게 고온살균과정을 거치지 않은 발효간장이에요. 국내에서는 구하기 쉽지 않기 때문에 해외직구로 타마리(채식주의자를 위한 글루텐프리 간장)나 일반 간장을 써요.

: 고추장, 된장
한국식 로푸드에서 많이 사용합니다. 시판 고추장, 된장보다 직접 만들거나 수제로 만든 유기농 장을 사용하는 것이 좋습니다. 드레싱 등에는 우리나라 된장보다 염도가 낮은 미소를 많이 씁니다.

: 영양효모(뉴트리셔널 이스트)
사카로미세스 세레비시아라는 균주를 사탕수수 등을 먹여 배양한 효모입니다. B12의 공급원이 되어 채식주의자들이 많이 섭취합니다. 치즈 대용으로 사용하면 특유의 고소하고 짭쪼롬한 맛이 음식 맛을 살려줍니다.

● 신 맛

: 식초
신맛을 가지는 대표적인 조미료로 발효시켜 양조한 것, 과일의 신맛을 이용한 것, 합성한 것 등 다양한 종류가 있습니다. 발효식초를 쓰는 것이 좋은데, 한국식 로푸드를 만들 때는 현미식초를, 서양 요리나 샐러드 드레싱을 만들 때는 사과식초(cider vinegar)나 발사믹식초를 이용하면 됩니다.

: 레몬즙, 라임즙
레몬이나 라임 생과를 직접 짜서 쓰는 것이 가장 좋아요. 시판 레몬즙이나 라임즙에는 합성첨가물이 들어가 있고 향도 직접 짜서 쓰는 것만 못합니다.

● 기름

: 엑스트라버진 올리브오일
좋은 기름을 고르는 비법 중 하나는 유전자 조작되지 않은 기름을 쓰는 것입니다. 로푸드에서는 생식용으로 쓰는 맛과 향이 좋은 엑스트라버진 올리브오일을 사용합니다. 발연점이 낮고 풍미가 좋아 로푸드에 쓰기 좋습니다.

: 코코넛 오일
코코넛 과육에서 추출한 기름으로 최근 오일풀링으로 인기를 끌었어요. 베이킹에 사용할 때는 코코넛향이 좋은 버진 코코넛 오일을 사용하면 됩니다. 만약 코코넛향이 부담되는 분들은 향이 거의 없는 RDB 코코넛 오일을 사용합니다.

: 참기름
해외 사이트에서 구매하는 참기름은 볶지 않은 참기름이지만 한국에서 파는 참기름은 깨를 볶아서 압착합니다. 생은 아니지만 고소한 맛과 향이 뛰어나 한국식 로푸드를 만들 때 주로 사용합니다. 유난히 검은 색을 띠는 참기름은 많이 볶은 깨를 사용한 것이라 몸에 해롭다고 하니 맑은 빛깔의 참기름을 소량 구매해서 쓰세요. 쉽게 산화하기 때문에 개봉 후 오래 두면 좋지 않습니다.

● 기타
: 코코넛슬라이스, 코코넛플레이크
코코넛 과육을 말린 것으로 쿠키, 크러스트, 빵 반죽 등 다양한 디저트 요리에 쓰입니다. 시판 코코넛칩에는 대부분 첨가물이 들어가 있으니 구매 시 확인합니다.

: 대추야자
성경에 나오는 종려나무, 아라비안나이트에도 나오는 야자나무과의 대추야자에요. 생명의 열매라 불릴 정도로 영양이 풍부하고 단맛도 강해 크러스트 등을 만들 때 점성과 당도를 조절하기 위해 쓰입니다. 대추야자가 구하기 어렵다면 건포도, 건자두, 곶감 등을 사용할 수 있습니다.

: 말린 토마토(선드라이드토마토)
말린 토마토는 풍미가 좋아 소스, 수프 등에 활용해요. 시판 제품도 나와있지만 제철일 때 말려두었다가 쓰는 것도 좋습니다.

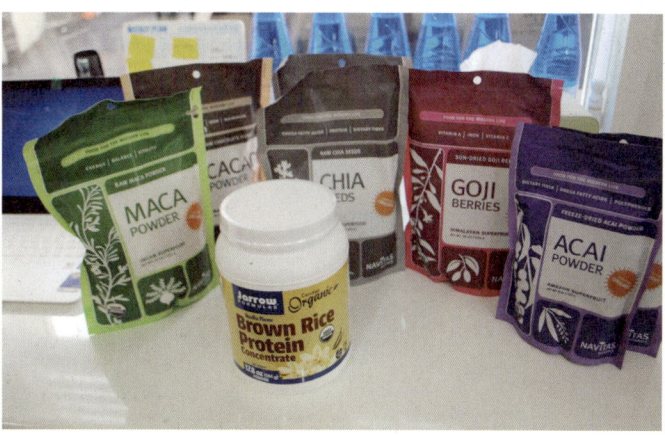

: 생카카오가루
식이섬유가 풍부해 다이어트에 좋고 항산화 물질인 폴리페놀이 풍부합니다. 로푸드에서는 초코파이, 케이크, 혹은 음료를 만드는 데 주로 사용됩니다.

: 캐롭가루
초콜릿향이 나는 콩과 열매를 가공해 만든 가루에요. 카카오가루 대체품으로 카페인이 없기 때문에 아이들 간식으로 활용해도 좋습니다. 칼슘과 미네랄이 풍부하며 카카오가루에 비해 쓴 맛은 적고 단맛이 강하기 때문에 베이킹에 많이 쓰입니다.

: 계핏가루
후추, 정향과 함께 세계 3대 향신료 중 하나로 알려져 있는데 톡특한 향이 일품이죠. 생강과 유사하게 위장강하효과 살균효과, 감기치료, 생리통 완화 등에 효과적입니다. 외국에서는 각종 디저트나 수프 등에 뿌려 먹습니다.

: 커리가루
강황에 각종 향신료를 넣어 만드는 커리가루는 서양 요리에서 매콤한 맛을 내고 독특한 향을 내는데 사용합니다. 시판 커리가루도 좋지만 직접 배합하면 나만의 톡특한 요리를 만들 수 있습니다.

Section 07
로푸드에 필요한 조리도구

● **착즙기(원액기, 주서)**
채소나 과일의 즙을 내는 도구로 섬유질 없이 맑은 주스를 얻을 수 있습니다. 블렌더와 달리 찌꺼기는 따로 분리되므로 이를 이용한 요리들도 많습니다. 제품을 구매할 때에는 사용과 세척이 편해서 번거롭게 느껴지지 않는 제품을 구매하는 것이 좋습니다.

● **고속블렌더(믹서기)**
스무디, 셰이크, 수프, 아이스크림 등을 만들 때 사용합니다. 일반 가정용 믹서기보다 부드러운 식감을 줍니다. 또한 믹서기를 돌리는 시간이 길어지면 상대적으로 영양소가 더 파괴되니 구매하실 때 조금 비싸더라도 모터의 힘이 좋은 블렌더를 살 것을 추천합니다. 만약 없다면 재료를 잘게 잘라 넣거나 푸드프로세서로 먼저 간 뒤, 일반 믹서로 다시 갈아줍니다. 주스바 매장에서 구매를 원할 때는 매장 내 소음을 생각해서 커버가 있는 제품을 추천합니다.

● **푸드프로세서**
로푸드에서 활용도가 높은 도구입니다. 재료를 다지거나 섞어서 반죽하는 용도로 사용됩니다. 수분 함량이 적어도 사용이 가능하므로 블렌더와 달리 별도로 물을 넣지 않고 사용할 수 있습니다. 너트나 씨앗류를 다질 때, 농도가 진한 소스류를 만들 때, 반죽만들기 등 다양한 곳에 사용합니다.

● **식품건조기**
과자나 쿠키, 채소·과일 칩 등을 만들 때 사용합니다. 기존 오븐의 낮은 온도에서 사용해도 되지만 효소를 파괴하지 않고 말리기 위해서는 필요합니다. 요즘은 저렴한 제품들도 많이 나와 있으니 적당한 제품을 구매합니다.

로푸드기구—건조기&데프론시트

착즙기(주서)

착즙기(주서 원액기)

● 테프론시트
건조기 쟁반의 망은 구멍이 커서 패티나 쿠키 등의 반죽을 펼쳐 건조할 수가 없습니다. 이때 쟁반 위에 시트를 깔아 주면 재료가 빠지는 것을 막을뿐더러 눌어붙는 것도 방지합니다. 물로 닦아 잘 말리면 반영구적으로 사용할 수 있습니다.

● 회전 채칼(스파이럴 슬라이서)
아이들이 가장 좋아하는 로푸드 요리도구인 회전 채칼은 오이나 애호박 등을 이용해 기다란 면요리를 만들 때 사용합니다. 칼로 손질할 수도 있겠지만, 모양과 질감을 국수처럼 내기가 어렵습니다. 만약 없다면 줄리엔 필러를 사용합니다.

● 채칼(슬라이서)
채소를 잘게 썰어주는 역할로 칼질이 서투른 사람도 쉽게 채를 썰게 도와줍니다. 오이나 무 등을 얇게 썰어야 할 때나 샐러드를 만들 때 사용할 수 있습니다.

● 줄리엔 필러(우엉채칼)
재료를 가늘고 길게 잘라 줍니다. 국수 면을 만들 때 유용합니다.

● 필러(감자칼)
채소의 껍질을 벗기는 도구로 일명 감자 칼이라 부릅니다. 재료를 얇고 넓게 만드는 데도 사용할 수 있어 페투치네 면을 만들 때도 사용합니다.

● 채소탈수기(샐러드 스피너)
세척한 채소나 과일의 물기를 빼는 데 사용합니다. 샐러드를 만들때 물기를 완전히 빼 주면 싱거워지지 않고 끝까지 맛있는 샐러드를 즐길 수 있습니다.

● 타르트 틀, 컵케익 틀
로푸드케이크나 파이를 만들 때 사용합니다. 타르트 틀을 구매할 때에는 바닥이 분리되는 제품을 구매합니다.

● 거름망(넛밀크백)
미세한 망 사이로 건더기를 걸러내어 주어 아몬드밀크를 만들 때 주로 사용합니다. 만약 없다면 차 거름망이나 채반을 사용합니다.

● 알뜰 주걱(스패츌라)
푸드프로세서를 이용해 만든 반죽을 구석구석 남김없이 퍼낼 때 사용합니다.

스크래퍼
테프론 시트 위에 반죽을 얇고 고르게 펴는 용도로 사용합니다. 모양을 잡을 때도 유용합니다.

● 계량컵&스푼
책에 나오는 레시피는 계량컵과 스푼을 사용합니다. 없다면 밥숟가락 등을 사용하여 용량에 맞게 넣습니다. 일반적으로 밥숟가락 1큰술은 12ml 정도가 됩니다.

착즙기(주서)

푸드프로세서

회전채칼

Section 08
로푸드 배우기

책과 인터넷을 통해 개별적으로 로푸드를 공부할 수도 있겠지만 주스바를 창업하고자 하거나 로푸드로 강사 활동을 원하는 경우, 또 체계적으로 로푸드를 공부하고 싶은 분들은 로푸드 강의를 수강하는 것을 추천합니다.
아직 국내에서는 로푸드를 체계적으로 배울만한 공간이 많지 않은 것이 현실입니다. 로푸드를 수강할 때는 다음과 같은 점을 꼭 체크해보세요.

1. 실력 있는 강사의 유·무
2. 체계적인 커리큘럼
3. 강좌 이후의 A/S
4. 로푸드 자격증 발급 유·무

위와 같은 사항을 확인한 후 본인의 예산에 맞춰 수강을 결정하면 됩니다. 강좌 가격을 책정하는 부분에서 본 강의가 시연 강좌인지 실습까지 포함하는지는 중요한 확인 사항입니다. 같은 조건이라면 실습도 해볼 수 있는 곳을 선택하는 편이 좋습니다. 강사의 실력이나 체계적인 커리큘럼인지는 기존 수강생들의 후기를 참고해서 결정하면 되는데요. 강좌를 들을 때 가장 중요하게 생각할 부분은 강좌 이후의 A/S입니다. 상당히 많은 곳에서 강좌 이전에는 많은 것을 알려줄 것 같이 말을 하지만 강좌 이후에는 나 몰라라 하여 수강생들을 난처하게 하는 경우를 종종 보았습니다. 강좌의 이름값도 중요하지만, 강좌 이후에도 수강생들을 관리하고 유지되는 곳을 선택합니다. 로푸드자격증은 크게 한국직업능력개발원의 민간자격증과 해외에서 발급되는 자격증의 두 가지로 구분됩니다. 국내에서는 몇몇 민간자격증이 있으므로 응시자격 및 조건을 확인한 후 신청합니다. 후르츠바스켓에서는 로푸드 요리지도사 1, 2급과 주스 소믈리에 1, 2급 과정을 발급합니다.
해외에서 발급되는 로푸드 관련 자격증은 많이 있지만 대개 사람들이 선호하는 자격증은 알리샤 코헨 로푸드 전문가 과정(Alissa Cohen Living on Live Food Certification; 이후 알리샤 코헨)입니다. 로푸드 관련하여 유명한 분이기도 하고 로푸드를 체계적으로 배울 수 있기 때문입니다. 알리샤 코헨은 1, 2, 3 급 과정으로 나누어져 있습니다. 3급이 가장 높은 레벨의 자격증이나 이는 미국에서 직접 알리샤 코헨에게 강좌을 들은 사람에게만 주어지는 자격증입니다. 그러나 현실적으로 미국 글로스터까지 가서 강좌을 듣는 것은 어려운 관계로 많은 분들은 알리샤 코헨 3급 과정을 이수한 분들께서 강좌하는 1,2급 과정을 선택합니다. 강사분들에 따라 커리큘럼에 일부 차이는 있지만, 기본적으로 로푸드 전채요리에서부터 디저트까지 전반적인 것을 모두 배울 수 있는 강좌으로 구성되어 있습니다. 또한 로푸드를 대하는 마음가짐이나 이론에 대해서도 배울 수 있으므로 수강이 가능하신 분들은 한 번쯤 들어보길 추천 드립니다. 또한 알리샤 코헨 2급 자격증을 가지고 계신 경우, 다른 분들에게 알리샤 코헨 1급 자격증의 발급이 가능하므로 로푸드 강사로의 활동 역시 가능합니다.

● **알리샤 코헨 로푸드 전문가 과정 3급 강좌 후기**
본 클래스가 이루어지는 곳은 미국 글로스터로, 보스턴에서 차로 1시간 정도 떨어진 곳에 있는 조용한 어촌마을입니다. 조용히 로푸드를 배우고 명상, 사색하기에 적합한 장소인데요. 3급 강좌은 이곳에서 합숙으로 4일간 진행됩니다.
해외에서 들을 수 있는 다양한 로푸드 클래스가 있지만, 제가 알리샤 코헨 과정을 선택한 이유는 저의 꿈인 '건강한 삶을 함께할 수 있는 복합문화공간'을 만드는데 도움될 것 같아서입니다. 저는 후르츠바스켓이 단순한 주스바가 아니라 디톡스, 운동, 명상, 쿠킹클래스 등의 라이프 스타일을 즐길 수 있는 공간이길 바랍니다. 그래서 공간의 방문 자체가 힐링이 되고 건강한 삶을 꿈꾸는 사람들은 만나고 이야기를 나눌 수 있는 공간으로 꾸미고 싶습니다.
알리샤 코헨 과정은 다양한 로푸드 레시피를 알려주기도 하지만 로푸드 전문 쉐프를 초청해 그의 이야기를 듣기도 하고 바디브러싱, 코관장 그리고 Raw emotion이라는 일종의 명상 강좌를 듣기도 한답니다. 이런 과정들이 로푸드 요리 지도사가 가져야 할 덕목이라고 보는 것이죠.
단순히 채식한다거나 로푸드를 즐긴다는 개념을 넘어, 어떻게 해야 나와 내 가족이 행복해지고 더불어 이 세상이

평화로워질까에 대한 답을 준다고나 할까요. 여기 오신 많은 분이 '내가 왜 이리 아등바등 살았나', '가족에게 소홀한 자신에게 미안하다' 등의 바쁜 일상 속에서 자신이 놓쳤던 부분을 반성하고 정말 내가 원하는 내면의 목소리에 귀 기울이고 돌아갑니다.

저는 어쩌다 보니 여건이 되어 미국까지 가서 힐링 프로그램을 수강할 수 있었지요. 주스바를 업으로 하고 있다 보니 다음에 또 찾아가서 수강하기도 쉬울 겁니다. 하지만 많은 분은 팍팍한 현실에 이런 프로그램이 있다는 사실조차 모르고 지나갑니다. 저에게 알리샤 코헨 강좌는 한국에서도 많은 분이 쉽게 찾아올 수 있도록 이런 공간을 많이 만들자는 꿈을 다시 한 번 떠올리게 한 즐거운 강좌였습니다.

Section 09
디톡스란 무엇인가?

해독요법이라는 의미가 있는 디톡스(detox), 우리 몸에 쌓인 독소를 배출시키고 다이어트와 장운동, 피로회복 등에 효과를 보았다는 사람들이 늘어나면서 수백 가지의 디톡스 방법들이 함께 알려졌습니다. 그중 가장 큰 인기는 디톡스주스로 대표되는 주스클렌즈. 많은 채소와 과일의 에너지를 간편하게 섭취할 수 있어 인기를 끌었습니다.

● 주스클렌즈
주스클렌즈(juice cleanse)는 일정 기간을 정해 채소와 과일로 만든 주스만을 먹는 방법입니다. 그 과정에서 녹색 채소의 클로로필(엽록소)이 우리 몸 구석구석의 노폐물을 씻어주어 독소를 빼고 혈액을 맑아지게 합니다. 언제나 채소의 섭취는 좋습니다.

주스클렌즈와 보식기간을 거치는 동안 우리 몸은 산성과 알칼리성이 균형을 찾고 신진대사가 원활해집니다. 또 소화기관을 쉬게 해 주어 지친 몸과 마음에 휴식을 가져다 줍니다. 주스클렌즈가 해독 즉 디톡스이고 이것은 힐링이기도 합니다.

물론 스무디로도 디톡스 할 수 있습니다. 하지만 스무디에 들어있는 섬유질로 인해 소화에 쓰이는 에너지가 디톡스주스만을 마실 때 보다 늘어납니다. 그래서 포만감을 더 느끼고 싶을 때, 혹은 비교적 장기간 디톡스를 할 경우에 권해드립니다. 이 책에서 말하는 주스클렌즈는 물이나 허브티, 디톡스주스 이외에 아무 것도 먹지 않는 방법을 말합니다.

Section 10
디톡스주스의 변천

● **1세대 마녀수프**
'양배추 수프'라고도 불리는 마녀 수프는 도입 당시, 다이어트, 아토피 등 피부질환을 앓는 분들에게 선풍적인 인기를 끌었는데요. 양배추, 브로콜리, 당근, 토마토를 은근한 불에 끓인 주스로 뿌리채소가 가진 좋은 성분이 우러나고 소화흡수율이 높다는 장점이 있습니다. 하지만 뿌리채소 특유의 맛이 역하다는 분들도 많았고 끓였기 때문에 비타민과 미네랄이 파괴되고 효소가 없어집니다.

● **2세대 해독 주스**
마녀 수프에 바나나, 사과를 함께 간 주스입니다. 바나나와 사과에서 비타민, 미네랄 및 효소를 얻을 수 있을뿐더러 맛도 보완되어 업그레이드 된 주스로 인기를 끌었습니다.

● **3세대 청혈주스**
말 그대로 '피를 맑게 하는 해독 주스'로 혈관 건강에 좋은 재료를 갈아 만들어 영양 과잉과 기름진 음식으로 혼탁해진 피를 맑게 하는 주스입니다. 사과, 당근, 귤, 양파, 생강 등 생채소와 과일을 그대로 갈아 마시기 때문에 비타민, 미네랄, 효소가 살아있어 해독 주스보다 우위로 평가합니다만, 그 과정에서 뿌리채소의 비중은 줄어들고 과일의 비중이 높아졌습니다. 또 위가 안 좋으신 분들은 생양파와 생강을 날것으로 갈아 마시는 데 대한 거부감이 있었습니다.

● **4세대 디톡스주스**
생채소와 과일의 즙을 낸 주스입니다. 1~3세대 주스가 단일 레시피라 장기적으로 섭취하기 지루하다는 단점을 해소했고, 채소의 선명한 색도 함께 즐겨 오감으로 즐길 수 있는 주스로 인기를 끌고 있습니다. 채소와 과일에 있는 풍부한 비타민과 미네랄, 효소 등으로 체내 독소 제거에 도움이 됩니다. 또 블렌더가 아닌 착즙기를 사용하기 때문에 채소에 익숙하지 않은 분들에게 비교적 쉽게 접근할 수 있다는 장점이 있습니다.

Section 11
주스 vs 스무디

● 주스

대개 착즙기를 이용하여 채소와 과일의 섬유질을 걸러낸 맑은 즙을 말합니다. 섬유질은 장운동을 활발하게 해서 변비를 예방하고 장 속 유산균을 늘리는 반면 소화흡수를 방해합니다. 따라서 섬유질을 걸러내면 영양분이 70% 가량 빠르게 흡수됩니다. 또 섬유질이 많은 잎채소를 보다 쉽게 즐길 수 있게 해 주죠. 이런 이유로 주스클렌즈에서 대개 권하는 레시피는 주스입니다.

디톡스주스를 만들 때는 채소와 과일의 비율도 중요합니다. 너무 높은 과일의 비율은 디톡스 효과를 떨어뜨리고 다이어트 효과도 반감됩니다. 처음에는 5:5 정도의 비율로 시작했다가 조금씩 채소의 비율을 높여보세요. 채소만으로 주스를 만들고자 할 때는 당근, 비트, 토마토, 콜라비 등 단맛을 주는 채소를 함께하면 좋습니다. 만든 직후 바로 마시는 것이 가장 좋지만, 보관해야 할 경우에는 반드시 냉장보관을 하고 레몬을 넣으면 레몬에 풍부하게 들어있는 비타민C로 인해 영양소 파괴나 변색을 줄일 수 있습니다.

● 스무디

블렌더에 재료를 넣고 갈아 즙과 섬유질을 함께 섭취하는 형태입니다. 풍부한 섬유질은 장 속 유산균을 늘리고 배변 활동을 돕습니다. 같은 한 잔이라도 섬유질까지 섭취하기 때문에 포만감이 큽니다. 아몬드밀크나 코코넛밀크를 더하여 다양한 맛으로 즐길 수 있습니다.

만드실 때는 잎채소보다 단단한 과일을 먼저 넣는 편이 목넘김이 좋습니다. 스무디를 즐긴다면 고속블렌더를 하나 장만하세요. 요즘 많은 업체에서 출시되면서 가격도 내려갔답니다. 바나나, 블루베리 등은 얼려 두었다가 넣으면 따로 얼음을 넣지 않아도 맛있게 즐길 수 있습니다. 크리미한 맛을 원한다면 아보카도를, 고소한 맛을 원한다면 견과밀크나 두부 등을 함께 넣습니다.

Section 12
주스클렌즈 프로그램과 효과

새해마다 세우는 1순위 목표, 여자들의 평생 숙제. 무엇인지 감이 오시나요? 바로 다이어트입니다. 매번 수많은 다이어트 방법들이 성행하지만, 다이어트란 평소 생활습관을 유지하는 것에서부터 시작하며 그것을 평생 유지해야 합니다. 무리한 계획은 오래 지속할 수 없어 결국은 실패합니다. 그렇기에 원푸드 다이어트나 단식 등으로는 일시적으로 살을 뺄 수는 있지만 결국 요요현상에 직면하게 되어 매번 같은 실패를 하게 되는 것이지요. 저 역시 예전에 오이 다이어트를 했지만, 며칠 만에 포기하고 말았습니다. 같은 음식을 계속 먹는 것이 지루하기도 했고 스트레스를 받으니 피부도 안 좋아졌거든요.

주스클렌즈는 단순히 굶어서 살을 빼는 다이어트 방식과 달리 채소와 과일의 영양을 효율적으로 섭취함으로써, 피부가 좋아지면서 체중이 감량되는 경우가 많습니다. 또 소화기관을 쉬게 해 줌으로써 오히려 몸이 편안해지는 기분을 느낄 수 있지요. 끝나고 나면 과식하거나 몸에 좋지 않은 음식을 먹었을 때 내 몸이 보내는 나쁜 신호를 금방 알아챌 수 있답니다.

● 주스클렌즈 프로그램 예시(3일)

프로그램을 시작하기 전 보식 기간을 가집니다. 이는 우리 몸이 주스클렌즈를 잘 할 수 있는 상태로 만들어 주고 디톡스 효과를 상승시키므로 반드시 지키는 것이 좋습니다. 시작하기 전 사흘 정도는 유제품, 밀가루, 고기 등의 동물성 단백질, 인스턴트식품, 술, 자극적인 음식 등의 섭취를 멈춥니다. 가능하면 로푸드 메뉴들로 식단을 구성하는 것도 좋습니다. 프로그램 시작 전 하루 정도 단식을 가지는 것도 좋습니다.

주스 양은 정해져 있다기보다 사람에 따라 맞추어 드시면 됩니다. 아침, 점심, 저녁 세끼에 나누어서 500㎖ 정도의 주스를 마시기도 하고 200~300㎖ 양을 하루 여섯 번 나누어 먹기도 합니다. 경우에 따라 그린 주스 만을 권장하기도 하지만 각자 가진 채소와 과일의 영양소가 다르므로 다양한 채소가 들어간 디톡스주스를 마시는 것이 좋습니다. 하지만 반드시 그린 주스는 포함해야 합니다. 녹색 채소에 들어있는 클로로필이 디톡스에 효과적입니다. 드시는 동안 물을 많이 마시는 것이 좋으며 물 섭취가 힘든 분들은 레몬수나 허브 티를 마십니다.

프로그램이 끝나면 다시 보식기간을 가집니다. 바로 자극적인 음식을 먹으면 탈이 나는 경우가 많으니 다음날 아침은 그린 스무디로 시작합니다. 다음 파트에 나오는 케일브리또, 샐러드 등은 좋은 보식 메뉴가 됩니다. 우유, 정제 탄수화물 등 앞선 보식 기간 중 금지했던 음식들을 드실 때에는 매 끼니 하나씩 추가합니다. 자신에게 맞지 않는 음식이 무엇인지 알 수 있는 계기가 된답니다. 생각보다 많은 분이 그동안 무심코 먹었던 유제품이나 빵, 달걀 등이 트러블을 일으키는 주범인 사실을 알고 놀랍니다. 저는 달걀이 몸에 맞지 않는다는 사실을 알게 되었답니다.

보식	유제품, 밀가루, 동물성단백질, 인스턴트, 술 등을 금지
DAY 1	
DAY 2	200~300㎖ 정도의 주스를 두시간 간격으로 6번 나누어 섭취(또는 500㎖ 하루 세번)
DAY 3	
보식	그린스무디, 로푸드 메뉴나 소화가 잘 되는 음식부터 시작

Section 13
주스클렌즈 프로그램 후기

● **다이어트**

하루는 예비신랑, 신부님께서 매장을 방문한 적이 있습니다. 드레스를 입어야하니 뱃살을 좀 빼고 싶은데 피부는 상하지 않았으면 해서 방문했다고 했습니다.

저는 "정말 잘 오셨어요. 주스클렌즈를 하고 나면 케일과 같은 녹색채소들이 엄청난 효능을 발휘해줄 거에요." 라고 말씀드렸습니다. 각종 미네랄, 비타민, 식이섬유가 많이 들어있으니 다이어트는 물론이고 전반적인 혈액순환에도 도움되거든요. 부가적으로 꼭 보식해야만 그 효과를 오래 갈 수 있다고 말씀드리며 5일 프로그램을 진행했습니다.

첫째날은 조금 힘들어 했지만 주스가 다 맛있고 하다보니 생각보다 힘들지 않다며 무난하게 끝내주셨는데요. 결과는 3kg 감량. 원하는 바대로 뱃살과 특히 옆구리살이 쏙 빠져서 기분이 좋다며 기뻐하셨지요.

예쁘게 웨딩사진을 찍었다는 소식을 듣곤 궁금해 하고 있었는데, 얼마 전 신부님께 다시 전화가 왔어요. 이제 본식을 진행하니 다시 디톡스 하고 싶다구요. 예전에 하긴 했지만, 결혼 준비하며 스트레스를 받으니 다시 몸에 독소가 쌓이는 것 같다며 이번에는 예비신랑님과 함께 하겠다 하셨습니다.

TiP

꼭 이 사례가 아니더라도, 다이어트 하는데 도움받았다는 사례는 넘쳐납니다. 일단 기름진 음식을 끊고 채소와 과일을 먹는 것 만으로도 도움이 되는데 디톡스 하면서 혈액순환을 돕고 독소를 배출하는데 살이 빠지지 않을 리가 없지요.
물론 사람에 따라 독소가 많이 쌓이신 분 중에는 원하는 만큼의 효과를 바로 보지 못할 수도 있습니다. 또 개인인 별로 지방과 단백질, 수분의 구성 비율에 차이가 있으므로 천편일률적인 상담은 불가합니다. 하지만 저는 그런 경우일수록 이후 성공하셨을 때의 만족감과 효과를 알고 있기에 강하게 이야기하는 편입니다. 짧은 기간 살을 빼는 것이 아닌 다이어트의 진정한 승자는, 누가 오래, 잘, 그리고 꾸준히 버티느냐에 있다고 생각해요. 우리 몸을 디톡스하고 살이 잘 찌지 않는 체질로 만들어주어 요요 없이 꾸준한 건강을 찾을 수 있기를 기원합니다.

● **장 트러블 개선&피부미용**

후르츠바스켓을 방문한 A씨는 평범한 스무 살 대학생으로 원래는 단품 메뉴를 구매하러 오셨지만 저희 디톡스 메뉴를 보시고 7일간 주스클렌즈를 진행하셨어요.

다이어트를 해야겠다는 큰 욕심은 없었지만, 돌 때부터 지금까지 늘 장 속에 가스가 차서 생활에 불편함을 느끼셨다고 해요. 고3 시절에는 증상이 너무 심해 수없이 병원을 다니며 가스를 배출시키고 집에 오는 나날을 반복하셨다구요. 많이 힘들었지만, 집안 식구들 모두 장이 약해서 집안 내력인가보다 하고만 생각하셨대요.

아무래도 평생을 장 트러블과 함께 살아오다 보니 짧은 기간으로는 쉽게 디톡스 되기 어려울 수 있다는 말씀을 드렸구요. 일주일 정도 길게 생각하고 천천히 진행해보자고 이야기했었는데요.

주스클렌즈 3일 차, 고객님께서 전화가 왔어요. 보식 기간부터 제가 말씀드린 사항들을 잘 지켜주셨기에 무슨 일인가 싶어 여쭤었더니, "언니, 제가 원래 피부에 부스럼이 있었는데 아물고 있어요!"라며 너무 기분이 좋아 전화하셨다고요. 원래 마른버짐을 앓고 있어 부스럼과 발진으로 종종 고생한다는 이야기를 들어서 주스클렌즈를 진행하면 피부 개선 효과도 보실 수 있을거에요. 라고 말씀드리긴 했는데 이렇게 먼저 효과가 나타나서 정말 기뻤답니다.

그리고 5일 차가 되니 피부도 많이 아물었을뿐더러 차츰 속이 편해지고, 평상시 소변 색깔이 진하고 냄새가 있었는 데 놀랍게도 소변이 물처럼 맑아지며 냄새 또한 사라졌다고 해요.

그렇게 7일 프로그램을 마치고 고생한 만큼 반드시 보식을 잘 지켜주어야 효과를 오래 가져갈 수 있다고 당부 드렸었는데요. 보식 1일 차에 다시 연락을 주었습니다. 원래 가스로 인해 초음파를 찍으면 장 속에 잔변이 많았는데 스무디를 하루 먹고 나니 잔변이 놀랄만큼 줄고 몸이 가뿐하다구요.

보식 후 일반식으로 돌아가 보니, 알러지 유발 식품을 먹었을 때 속이 불편하고 가스가 차는 느낌을 받게 된다는 사실을 알게 되었습니다. 자신에게 밀가루가 맞지 않았음에도 이제껏 모르고 먹어서 장 트러블과 마른버짐을 유발하였던 것이죠. 지금은 로푸드 클래스도 함께하고 밀가루나 고기, 인스턴트를 즐기던 식습관을 개선하여 깨끗한 피부, 건강한 장을 가지게 되었답니다.

TiP

많은 경우, 이런저런 음식을 함께 먹다 보니 자신이 어떤 식품에 알러지가 있는지 모르고 지나치는 경우가 많아요. 또 가족력이라 생각하는 부분 역시 대개 같은 가족끼리 같은 식단을 공유하기 때문에 생기는 경우도 많습니다. 주스클렌즈 프로그램을 진행하고 나면 나에게 맞지 않는 음식이 무엇인지 알 수 있습니다. 저 역시 이와 같은 과정을 거쳐서 저에게 삶은 달걀이 맞지 않는 음식임을 알 수 있게 되었답니다.

Raw-food recipe

PART 02

로푸드레시피

로푸드로 코스요리가 가능하다는 사실, 알고 계신 가요? 로푸드라 하면 주스, 스무디, 샐러드 정도만 알고 있는 경우가 많습니다. 하지만 외국에서는 로푸드만을 전문으로 하는 레스토랑도 성황리에 영업 중이고, 채식 레스토랑에서도 로푸드가 큰 비중을 차지하고 있습니다. 주스클렌즈와 주스바 운영에 기본이 되는 주스와 스무디의 기초를 탄탄하게 다지면서 최대한 다양한 레시피를 경험할 수 있도록 준비했습니다. 레시피를 토대로 응용하다 보면 계절이 바뀔 때마다 새로운 음식재료를 가지고 다양한 변주를 할 수 있을 것입니다.

주스클렌즈

Juice Cleanse

Recipe 01   키위그린주스

준비물
골드키위(그린키위) 110g, 청포도 60g, 즙케일 160g, 시금치 40g

1 키위는 껍질을 깐다. 청포도와 케일, 시금치는 깨끗이 씻어준다.
2 그람 수에 맞춰서 엔젤 녹즙기로 착즙한다.

키위에는 항산화 물질과 피로예방물질이 많이 들어가 있다. 특히 골드 키위를 쓰면 맛 또한 부드러우므로 그린을 싫어하는 사람도 상큼하게 먹을 수 있다.

Raw-food Recipe

Recipe 02 스트로베리그린주스

준비물
딸기 100g, 셀러리 25g, 사과 125g, 즙케일 40g, 레몬 25g

1 딸기는 깨끗이 씻어서 꼭지를 딴다.
2 셀러리는 줄기 부분만 쓴다.
3 사과는 껍질째로 쓰되, 씨는 뺀다.
4 나머지 재료들을 손질해서 엔젤 녹즙기에 짠다.

딸기는 피부미용에 좋다.

Recipe 03   석류주스

준비물
석류 120g(안쪽 껍질까지), 자몽 110g, 오렌지 50g

1 석류는 반 갈라서 알맹이만 톡톡 털어내고 속껍질도 일부 사용한다(껍질에도 영양분이 풍부하다).
2 자몽과 오렌지는 세척 후 그람 수 대로 자른다.
3 나머지 재료들을 손질해서 엔젤녹즙기에 짠다.

석류에는 피부에 좋은 비타민 B1, B2, C가 풍부할 뿐만 아니라, 폴리페놀, 엘라그산 등 항산화 성분이 다량 함유되어 있다.

Part02 / 로푸드레시피

Recipe 04   비트주스

준비물
사과 120g, 비트 40g, 당근 70g, 레몬 20g

1 재료를 모두 흐르는 물에 깨끗하게 씻는다.
2 사과는 씨만 제거하고, 당근, 비트는 흙을 깨끗하게 씻은 후 껍질째로 알맞은 크기로 썬다. 레몬은 껍집을 벗기고 적당한 크기로 썬다.

비트는 포만감을 주어 과식을 방지해주고 콜린이라는 성분이 지방을 분해하며, 적혈구 생성기능을 한다. 또한, 뼈속 칼슘이 빠져나가는 것을 방지하고 칼슘 흡수율을 높여 관절염과 폐경기 여성에게 좋다.

Recipe 05   적채주스

준비물
적채 80g, 파인애플 70g, 오렌지 50g, 당근 100g

1 모든 재료를 깨끗이 씻는다.
2 파인애플과 오렌지는 껍질을 벗기고, 계량하고 적채와 당근은 껍질째 적당한 크기로 자른다.
3 계량된 재료를 녹즙기에 넣고 착즙한다.

적채는 식이섬유가 많아 다이어트에 도움이 될 뿐 아니라, 적채에 들어 있는 캐비진이라는 비타민 U는 항 궤양 작용을 하여 위·십이지장궤양 예방에 효과적이다.

Recipe 06　밀싹즙

준비물
밀싹 75g

1 밀싹이 12~15cm가 되면 수확해서 흐르는 물에 깨끗하게 씻는다.
2 밀싹즙의 경우 하루 섭취량은 50ml 이하이기 때문에 밀싹을 75g 계량해서 엔젤 녹즙기로 착즙한다.

밀싹은 숙변에 좋고 미네랄과 비타민이 풍부하다. 엽록소 성분이 일반 채소들의 23배로 몸속 독소 제거에 탁월한 효능을 가지고 있다. 밀싹즙은 아침 공복에 먹는 것이 가장 좋다.

Recipe 07　용과주스

준비물
용과 200g, 용과 속껍질 20g, 라임 20g

1 용과를 깨끗이 씻은 후 껍질을 손으로 벗겨 낸다.
2 용과 안의 하얀 부분 200g과 속껍질 20g을 계량한 후 라임이나 오렌지를 20g 정도 계량해서 휴롬으로 착즙한다.

용과는 비타민과 항산화물질이 많은 과일로 노화방지, 변비, 피부미용 등에 효과가 있다.

Raw-food Recipe

Part02 / 로푸드레시피

Raw-food Recipe

Recipe 08　시트러스주스

준비물
오렌지 100g, 자몽 120g, 레몬 20g, 라임 20g

1 오렌지, 자몽, 레몬, 라임의 껍질을 깨끗이 씻는다.
2 적당한 크기로 썰어서 휴롬에 넣는다.

시트러스계 과일에는 비타민C가 가득 들어가 있어서 트러블 없는 깨끗한 피부, 피로회복과 스트레스 해소에 좋다.

Recipe 09   사과당근주스

준비물
사과 150g, 파인애플 50g, 오렌지 50g, 당근 70g, 레몬 20g

1 재료들을 깨끗이 씻는다.
2 레시피 대로 계량하여 엔젤녹즙기에 착즙한다.

사과에 들어있는 팩틴성분은 위산분비를 촉진해 칼슘의 흡수를 돕고, 망간 같은 무기질은 뼈를 튼튼히 해준다. 특히나 사과향은 정신을 맑게 하고 불면증 환자에게 수면을 유도한다.

Raw-food Recipe

Recipe 10　사과그린주스

준비물

사과 100g, 로메인 70g, 비타민 50g

1 재료를 깨끗이 씻는다.
2 레시피 대로 계량하여 엔젤녹즙기로 착즙한다.

비타민에는 이름 그대로 비타민C가 일반 채소보다 많다. 청혈 작용, 소화불량에 효과적이다.

Recipe 11　셀러리주스

준비물

셀러리 40g, 배 120g, 오이 70g, 레몬 20g

1 재료를 깨끗이 씻는다.
2 레시피 대로 계량하여 엔젤녹즙기에 착즙한다(셀러리는 줄기부분만 사용).

셀러리에는 특히 비타민 A와 비타민 B1, B2가 많은데, 비타민 A는 시력 유지에 효능을 보이며, 세포 재생을 도와 여러 각막 질환 예방에 좋다고 한다. 레시피처럼 오이와 같이 먹으면 붓기 제거 효과도 뛰어나다.

스무디클렌즈

Smoothie Cleanse

Recipe 01   미란다커주스

준비물

코코넛밀크 2t, 코코넛워터 240ml, 아사이베리 1t, 스피룰리나 1t, 카카오 파우더 1t, 치아씨드 1t, 현미프로틴파우더 2t, 마카파우더 1t

1 코코넛밀크, 코코넛워터를 블렌더에 레시피대로 넣고 한 번 돌린 후 나머지 파우더들을 넣고 한 번 더 돌린다.

미란다커 주스에는 엄청난 슈퍼푸드가 들어있다. 통상 미란다커 주스라고 말하지만, 엄밀히 말하면 스무디다.

Raw-food Recipe

Recipe 02 사과파인스무디

준비물
사과 100g, 파인 100g, 물 50ml

1 사과는 깨끗이 씻어 씨만 제거하고, 껍질째 적당한 크기로 썬다.
2 파인애플도 손질 후 사과와 같이 블렌더에 넣는다.
3 물을 첨가한 후 간다.

사과와 파인애플 모두 비타민C가 많고 식이섬유가 많아서 배변에 도움이 되는 스무디다.

Recipe 03 망고스무디

준비물
망고 한 개, 아몬드밀크 200ml(부드러운 맛을 원하지 않으면 아가베시럽 5cc + 물 150ml)

1 망고는 껍질을 벗겨서 적당한 큐브로 썬다.
2 블렌더에 레시피대로 넣고 돌린다.

망고는 베타카로틴이 100g당 약 0.6mg으로 함유되어 있고, 칼륨, 비타민C, 비타민E, Flavonoid계 성분 등이 있어서 체내에 쌓여있는 활성 성분을 제거해주므로 동맥경화나, 노화방지에 효과적이다.

Recipe 04 그린파인애플스무디

준비물
파인애플 1컵, 즙케일 3장, 코코넛워터 2컵

1 케일은 블렌더에 잘 갈리도록 손으로 찢어서 넣어준다.
2 파인애플과 나머지 재료를 계량해서 블렌더에 넣고, 입자가 고와질 때까지 간다.

케일에는 클로로필 성분이 많이 들어 있어 노폐물 배출에 효과적이고 파인애플의 폴리페놀 성분이 체중감량에도 도움을 준다.

Raw-food Recipe

Recipe 05　　홍시스무디

준비물
감 100g, 아몬드밀크 100ml

1 감은 미리 얼려두면 시원하게 먹을 수 있다.
2 아몬드 밀크를 활용하여 블렌더에 간다.

감은 비타민A, C, 탄닌, 칼륨과 마그네슘 등이 풍부하게 함유되어 있으며 고혈압 예방, 혈중 알코올의 상승을 낮추는 효능이 있다.

Recipe 06 바나나대추야자스무디

준비물
얼린 바나나 1개, 대추야자 씨 빼고 4알, 코코넛워터 150ml

1 껍질을 벗긴 상태로 잘익은 바나나를 얼려둔다.
2 얼린 바나나를 잘 갈릴 정도로 자르고, 씨를 뺀 대추야자를 코코넛워터와 블렌더에 넣고 곱게 갈아준다.

바나나는 알칼리성 식품으로 칼륨, 카로틴, 비타민C를 풍부하게 함유하고 있다.

Recipe 07　체리스무디

준비물
체리 4알, 자두 2개(200g), 물 500ml

1 체리와 자두는 깨끗이 씻고 씨는 뺀다.
2 씨를 뺀 체리와 자두를 적당한 크기로 썰어서 블렌더에 넣고 간다.

체리의 철분은 딸기의 6배, 사과의 20배 정도다. 따라서 빈혈 증상이 있을때 체리를 먹으면 도움이 된다. 뿐만 아니라 체리는 비타민A도 풍부하고 비타민B, 비타민C, 칼슘, 인 포타슘 등도 함유돼 있다. 특히 안토시아닌이 풍부해 활성 산소를 억제해 암을 예방하고 노화를 방지하는 효과가 있다.

Part02 / 로푸드레시피

Recipe 08　케일그린스무디

준비물
사과 150g, 즙케일 2장, 물 100ml, 바나나 1개

1 사과는 껍질째 씨만 제거해서 계량 후 블렌더에 넣어준다.
2 즙케일은 손으로 가볍게 찢어서 넣는다.
3 바나나도 손으로 3등분 정도 하여 블렌더에 넣는다. 물을 정량대로 부어준 후 갈아 준다.

그린으로 스무디를 하실 때, 사과나 바나나, 시트러스계 과일을 넣으면 실패율이 적다.

Recipe 09　딸기스무디

준비물
딸기 100g, 코코넛밀크 150ml

1 딸기는 깨끗이 세척해서 꼭지를 딴 후 블렌더에 넣는다.
2 코코넛밀크를 넣어주고 거칠게 간다.

딸기스무디는 과일을 잘 먹지 않는 아이들도 좋아하는 메뉴이다.

Recipe 10　수박스무디

준비물
얼린 수박 100g, 수박 150g, 코코넛워터 50ml

1 수박을 큐브로 썰어서 얼려둔다.
2 얼린 수박 100g과 수박 150g, 코코넛워터 50ml를 블렌더에 넣고 간다.

수박은 여름 제철과일로 신경안정과 갈증해소 및 더위를 가시게 해 준다. 시툴루린이라는 성분이 이뇨작용을 도와준다.

로푸드수프

Raw-food Soup

Recipe 01　　당근수프

준비물
당근즙 1컵, 생고구마 1개, 아보카도 1/2개, 생강 한 톨, 올리브오일 1t, 죽염 한 꼬집, 허브 약간

1 당근즙을 낸 다음 블렌더에 넣고, 나머지 재료와 함께 간다.
2 볼에 담고 허브로 토핑한다.

Raw-food Recipe

Recipe 02　　아보카도수프

준비물
아몬드밀크 200ml, 아가베시럽 1t, 브로컬리 1컵, 아보카도 1개, 마늘 한 쪽, 올리브오일 2t, 양파 1t, 죽염 한 꼬집

1 아보카도는 껍질을 제거하고, 양파, 브로컬리와 함께 알맞게 썬다.
2 모든 재료를 넣고 블렌더에 간다.
3 먹기 전에 건조기에 30분 정도 넣어두었다가 먹는다.

tip
로푸드 수프로도 클렌즈 프로그램을 진행할 수 있습니다. 하루 6번 정도 모두 수프 클렌즈를 할 수도 있고, 스무디 클렌즈와 혼합하여 일정을 짜는 것도 좋습니다. 주스 클렌즈만큼 빠른 효과는 아니지만 스무디 클렌즈를 했을 때처럼 속이 든든하고 과채의 섬유소까지 모두 섭취한다는 장점이 있습니다. 특히 46도 정도로 효소 파괴 없이 데워서 즐기는 레시피라면 겨울에 클렌즈 프로그램을 진행하기 편리합니다.

Recipe 03   토마토수프

준비물
토마토 2개, 양파 1/2, 마늘 1쪽, 올리브오일 1t, 죽염 약간.

1 모든 재료를 넣고 믹서에 간다.
2 볼에 담고 먹기 전 건조기에 30여 분간 넣어 둔다.

Recipe 04   오이수프

준비물
오이 1개, 셀러리 1/3개, 양파 조금, 민트 조금, 레몬즙 2t, 오일 1t, 마늘 약간, 아가베시럽 1t, 죽염 약간, 아보카도 약간

1 아보카도를 제외한 모든 재료를 넣고 믹서에 간다.
2 볼에 담고 잘게 썬 아보카도를 토핑한다.

클렌즈 전·후 보식

Before & after

Recipe 01   과카몰리

준비물
아보카도 1개, 미니 파프리카 색깔별로 1개씩, 간장 1t, 레몬즙 1t, 고춧가루 1t, 후추 1t

1 잘 익은 아보카도를 반으로 갈라 씨를 제거 한다.
2 각종 채소들은 먹기좋게 엄지 손톱 크기로 깍둑썰기 한다.
3 간장, 레몬즙, 고추가루를 넣어 간을 한다.
4 로메인, 상추 위에 먹기 좋은 크기로 올려 놓는다.

Raw-food Recipe

Recipe 02　케일부리또 & 타히니 소스

준비물
즙케일 혹은 쌈케일, 양배추, 적채, 파프리카, 적양파, 당근, 깻잎, 오이
소스 통깨 1컵, 유기농된장 1t, 물 3t

· 타히니 소스
1 통깨를 믹서기에 넣어 분쇄한다.
2 추가로 믹서기에 된장, 아가베시럽, 물을 넣어서 잘 섞어준다.

· 케일부리또
1 케일의 줄기 부분은 칼로 잘라낸다.
2 각종 채소는 얇게 채 친다.
3 케일의 1/3부분에 소스를 바른 후 채 친 채소를 골고루 올린다.
4 3을 터지지 않게 잘 말아서 반으로 잘라 접시에 놓는다.

Recipe 03 러 김밥

준비물
생 김, 콜라비, 양배추, 적채, 파프리카, 적양파, 당근, 깻잎, 오이, 생채, 새싹 등
소스 통깨 1컵, 된장 1t, 물 3t
콜라비밥 소스 죽염 한 꼬집, 참기름 1t, 후추 1t

1 콜라비는 푸드프로세서에 넣어 거칠게 간다(콜라비밥 소스랑 버무린다).
2 김 위에 물기가 없는 생채를 2~3장 깔고, 타히니 소스를 골고루 바른다.
3 2 위에 채 친 채소를 골고루 올린 후 김밥처럼 말아서 썰어 접시에 담는다.
4 김에 물기가 닿지 않도록 최대한 물기를 제거한다.

Part02 / 로푸드레시피

Raw-food Recipe

Recipe 04　루꼴라샐러드

준비물
루꼴라 2줌, 파프리카 1개, 오렌지 1개, 퀴노아, 올리브 오일, 죽염

1 루꼴라는 깨끗이 씻어서 접시에 올린다.
2 오렌지와 파프리카는 큐브로 썰어서 루꼴라 위에 올린다.
3 퀴노아나 햄프씨드 등을 샐러드 위에 토핑용으로 뿌린다.
4 올리브 오일과 죽염으로 드레싱을 한다.

Recipe 05 콥샐러드

준비물
양상추 1/4통, 딸기 3알, 블루베리 20알, 망고 한 알, 파프리카 1개, 석류 알갱이, 치아씨드,
드레싱 오렌지 주스 반 컵, 올리브 오일 1t

1 양상추를 깨끗이 씻어 접시에 올린다.
2 딸기를 얇게 편으로 썰고, 나머지 재료를 한줄씩 양상추 위에 올린다.
3 치아씨드는 드레싱에 20여 분간 불려둔 후 치아씨드와 드레싱 모두 샐러드 위에 올린다.

Recipe 06   토마토살사

준비물
토마토 1개, 양파 1/6 개, 파프리카 1/4 개, 엔다이브, 유기농 식초 4t, 오일 1t, 죽염 약간

1 엔다이브를 제외한 나머지 과채를 잘게 깍뚝썰기한다.
2 재료를 섞어 식초 오일 죽염으로 간한다.
3 엔다이브 위에 살사를 올린다.

Recipe 07   크림스파게티

준비물
쥬키니 호박 반 개, 불린 캐슈넛 1컵, 호두 반 컵, 잣 반 컵, 마늘 한 쪽,
레몬즙 1t, 간장 1t, 아몬드밀크 50ml

1 쥬키니는 스피룰리로 면을 뽑는다.
2 나머지 재료를 푸드 프로세서에 넣고 간 후, 쥬키니 면 위에 얹는다.

Part02 / 로푸드레시피

Raw-food Recipe

Recipe 08 블루베리푸딩

준비물
블루베리100g, 물 100ml, 코코넛버터 30ml, 치아씨드, 키위

1 블루베리와 물을 넣고 블렌더에 간다.
2 코코넛 버터에 치아씨드를 넣어둔 후 키위를 한 입 크기로 슬라이스 한다.
3 코코넛버터, 치아씨드 위에 블루베리 스무디를 올리고, 키위 등을 넣는다.

로푸드디저트

Raw-food desert

Recipe 01　에너지바

준비물
아몬드 1컵, 메밀 반컵, 대추야자 10개, 건포도, 고지베리, 크렌베리

1 8시간 이상 물에 불렸다 말린 아몬드를 사용한다.
2 푸드 프로세서에 아몬드를 넣은 후 곱게 간다.
3 2에 메밀 반컵과 대추야자를 넣어 충분히 간다.
4 3에 건포도와 죽염을 넣어 건포도가 보이게 간다.
5 4를 스텐 볼에 뺀 후 고지베리, 크렌베리를 넣어 반죽해서 조금씩 떼어내어 성형한다.

Raw-food Recipe

Recipe 02 크레페

준비물
바나나 2개(딸기 300g, 키위 300g), 레몬즙 1t, 코코넛 오일 1t, 죽염

1 바나나, 레몬즙, 코코넛오일, 죽염을 푸드 프로세서에 넣고 간다.
2 건조기에 데프론시트를 깔고 동그랗고 납작하게 성형 후 건조한다.
3 건조된 크레페는 안에 크림과 과일을 넣고 말아서 먹으면 된다.

Recipe 03   로쵸컬릿

준비물
로카카오버터 1/2컵, 카카오파우더 4t, 아가베시럽 2t, 죽염 한 꼬집, 바나나, 키위, 딸기

1 로 카카오 버터를 건조기에 넣어서 녹인다.
2 녹은 카카오 버터에 카카오 파우더와 아가베시럽, 죽염을 넣는다.
3 취향에 맞게 쵸콜릿을 키위나 바나나 딸기 등에 묻혀서 먹는다.

Raw-food Recipe

Recipe 04　레몬치즈케익

준비물

크러스트 아몬드 1컵, 대추야자 8개 죽염 1/4t, 캐롭파우더 1t

필링 캐슈넛 1컵, 잣 1/2컵, 레몬즙 3t, 아가베시럽 3t, 이스트 2t, 레몬제스트 1t, 코코넛 오일 1t

토핑 레몬, 블루베리 등 각종 과일

• 크러스트

1 아몬드 1컵을 푸드프로세서에 먼저 갈아두고, 대추야자와 죽염 캐롭파우더를 넣는다.
2 크러스트를 케익틀에 형성하고, 필링으로 채운다.
3 냉동실에 30분정도 넣어둔 후 다시 꺼내 과일로 토핑한다.

• 필링

1 물에 불린 캐슈넛과 잣을 프로세서로 곱게 간다.
2 레몬즙과 아가베 오일, 코코넛 오일을 순서대로 넣고 간다.
3 이스트와 레몬 껍질을 같이 간다.

디톡스워터

Detox Water

Raw-food Recipe

Recipe 01 　 디톡스 워터

디톡스 워터는 과일을 넣고 마시는 물로 건조하지 않고 넣었을 경우에는 12시간 정도 물을 우려내면 된다. 건조(46도 이하로 건조)해서는 넣고 30여 분 만에 우려낸다.

Detox-Juice bar

PART
0 3

디톡스주스바 창업하기

디톡스주스바를 하고자 하는 주된 이유가 무엇인가요? 로푸드 그리고 디톡스에 대해 본인이 가지고 있는 확신이 있나요? 이 물음은 주스바 창업에 무척 중요한 요소가 됩니다. 파트3에서는 하나의 가게를 오픈하고 또 운영하는 것에 포커스를 맞추었습니다. 창업의 길은 어렵고도 험난하지만 창업을 통해서 새롭게 배울 수 있는 부분은 너무나도 많습니다. 주스바 창업에 필요한 실무와 경영 노하우를 통해 성공 창업의 길을 가시길 빕니다.

Section 01
디톡스주스바 오픈을 위한 마인드 세팅

프랜차이즈와 창업 상담을 하면, 창업을 고민하는 많은 분이 자신이 사업을 시작하면 무조건 잘 될 것이라는 막연한 기대와 자신감을 가지고 문의하는 경우를 자주 봅니다. 저 역시 오픈을 준비하는 많은 분이 잘 되어서 더 많은 사람이 로푸드의 세계에 들어오길 소망합니다. 하지만 현실은 그렇지 않죠. 누구나 쉽게 창업하고 성공할 수 있다는 생각을 하는 분야가 바로 카페 음식업 분야이겠지만 누구보다 쉽게 망할 수 있는 분야 또한 이쪽 분야일 거라고 생각합니다. 쉽게 시작한 사업일 수록 망하기도 쉬운 법. 창업에 관심 있는 분이라면 아래의 질문을 스스로 해보고 답을 해보세요.

1 나는 왜 디톡스주스바를 창업하고 싶은가?
2 나는 디톡스주스 그리고 로푸드에 대한 확신이 있는가?
3 나는 주스바를 통해 무엇을 얻으려고 하는가?

상담을 하다보면 단순히 디톡스주스가 유행일 것 같아서, 혹은 기존 카페 시장이 포화상태이므로 새로운 사업 아이템을 찾다가 창업을 결심했다는 이야기를 많이 들어요. 물론 이 이야기가 맞는 이야기이긴 하지만 이런 마음으로 창업했다가는 창업 후 더한 마음고생을 하게 됩니다. 어쩌면 그동안 투자한 돈과 노력에 대한 고통을 평생 지속해야 할 지도 모르는 일이죠.

저는 학창시절부터 스트레스에 장이 예민한 타입이었습니다. 그러던 것이 제약회사에 입사하게 되고 과도한 업무를 맡게 되면서 만성위염, 과민성대장증후군, 알레르기 비염, 알레르기결막염 등 갖은 질병을 안고 살게 되었지요. 그러던 중 우연히 디톡스 관련 책을 만나게 되었고 새로운 세계를 만나게 되었습니다. 단순한 체중 감량이 아니라 몸이 가벼워지고, 피부가 맑아지고, 뭉친 어깨 근육이 풀리는 신세계를 경험한 거죠. 그 당시 한국에 디톡스주스바는 없었기에 외국의 원서를 찾아보고 요리수업을 들으러 다니다 보니 제 삶이 그 어느 때보다 에너지가 충만하다는 사실을 알게 되었습니다. 또한 로푸드를 만나고 건강해진 분을 만나게 되면서 저의 생각은 확신으로 거듭났습니다. 다른 사람에게도 좋은 것을 알리고 싶다는 생각을 하게 되었구요.

그렇게 시작한 가게가 후르츠바스켓입니다. 간단하게 썼지만 음식점 창업이 처음이었던 저는 어디에서도 배울 곳이 마땅치 않았기에 시행착오도 많이 겪었습니다. 가게 운영하는 것은 단순히 맛있는 주스 레시피만을 가지고 있다고 되는 일이 아니라는 사실도 깨달았죠. 만약 위 질문에 대한 답을 명확하게 할 수 있고 열정도 가지고 계신 분이라면 이 책이 디톡스주스바를 오픈하는데 길잡이가 되어 줄 것입니다.

Section 02
창업절차

대개 창업은 자신의 자금 계획에 맞는 점포를 구해 설비, 인테리어를 하는 순서로 진행됩니다. 아래의 순서에 맞추어 내 D-day에 맞는 계획서를 준비해 보는 것도 좋은 방법입니다.

● 창업순서 및 체크리스트

D-day	내용	비고
D-day 100~90	자금계획 세우기	통상 1억 정도 소요됨
	매장 구상하기	가게 평수, 콘셉트 구상
D-day 90~60	입지 선정하기	유동인구, 접근성 고려
	원하는 상가 찾기	권리금, 보증금, 월세 고려
	인테리어 업체 찾기	최소 3개 업체에 견적비교
	임대차계약 하기	
	제품 구상 및 개발하기	
D-day 60~10	인테리어 계약 및 시공	30~40일 정도 소요됨
	시설 및 주방 기기 완비	
	브랜딩 및 로고 작업	
	각종 인허가 진행	위생교육, 사업자 등록
D-day 10~0	판매 전략 구상	
	판촉활동 시작	블로그, SNS 활용
	오픈 이벤트	다양한 이벤트 구상

Recipe 03
자금계획 세우기

창업상담을 할 때 먼저 하는 질문 중 하나가 '창업자금으로 얼마를 예상하세요?' 입니다. 그에 따라 자금이 충분한 경우와 불충분한 경우에 맞추어 사업을 진행해야 하기 때문입니다.

1. 자금이 충분한 경우에는 어떤 입지 조건에서 어떤 규모와 형태로 낼 것인가에 대한 부분을 먼저 고려
2. 한정된 예산을 기준으로 창업하기 위해서는 입지(가게 위치)에 소요되는 비용, 통상 보증금+권리금을 얼마로 할 것인지 먼저 고려

당연히 보증금 권리금은 위치가 중심 상권일수록, 가게 규모가 클수록 비쌉니다. 누가 보더라도 좋아 보이는 위치와 접근성을 겸비한 가게는 보증금과 권리금이 비쌀 수밖에 없죠. 각 시도의 이름난 상권은 흔히들 보증금이 작게는 2, 3천부터 많게는 1억을 호가하고 또한 권리금도 그에 맞추어 적게는 1, 2천부터 많게는 1억이 넘는 곳도 흔합니다. 대개는 중심 상권 또는 이름난 상권을 먼저 고려하지만, 어려움을 경험하고 나서 포기하는 경우를 많이 보았습니다. 하지만 시간을 가지고 찾다 보면 비교적 저렴한가격에 괜찮은 매물이 나오는 경우도 종종 있으니 발품 파는 것이 중요합니다.

자금계획을 세울 때는 창업 시에 자금지출 할 부분을 크게 다음과 같은 표로 나누어 점검해 보세요.

구분	내용	비고
점포구입비	보증금	
	권리금	
	임대료	
시설 및 설비	기기 및 설비	착즙기, 냉장고 등
	가스 및 냉난방 설비	냉·온풍기
인테리어	내장공사	천장 벽 바닥 등
	외장공사	간판 및 테라스
	가구	의자 탁자
초도 물품 및 부재료	부재료, 판촉물	각종 재료 및 과일
소모품	일회용품	컵, 컵홀더, 냅킨, 빨대 등
홍보비용	판촉, 행사비용	브로셔, 쿠폰, POP
전산	통신 관련 시설	POS기, 인터넷, 보안 시설
기타 비용	기타 잡비	
예비비	3~6개월 운용자금	

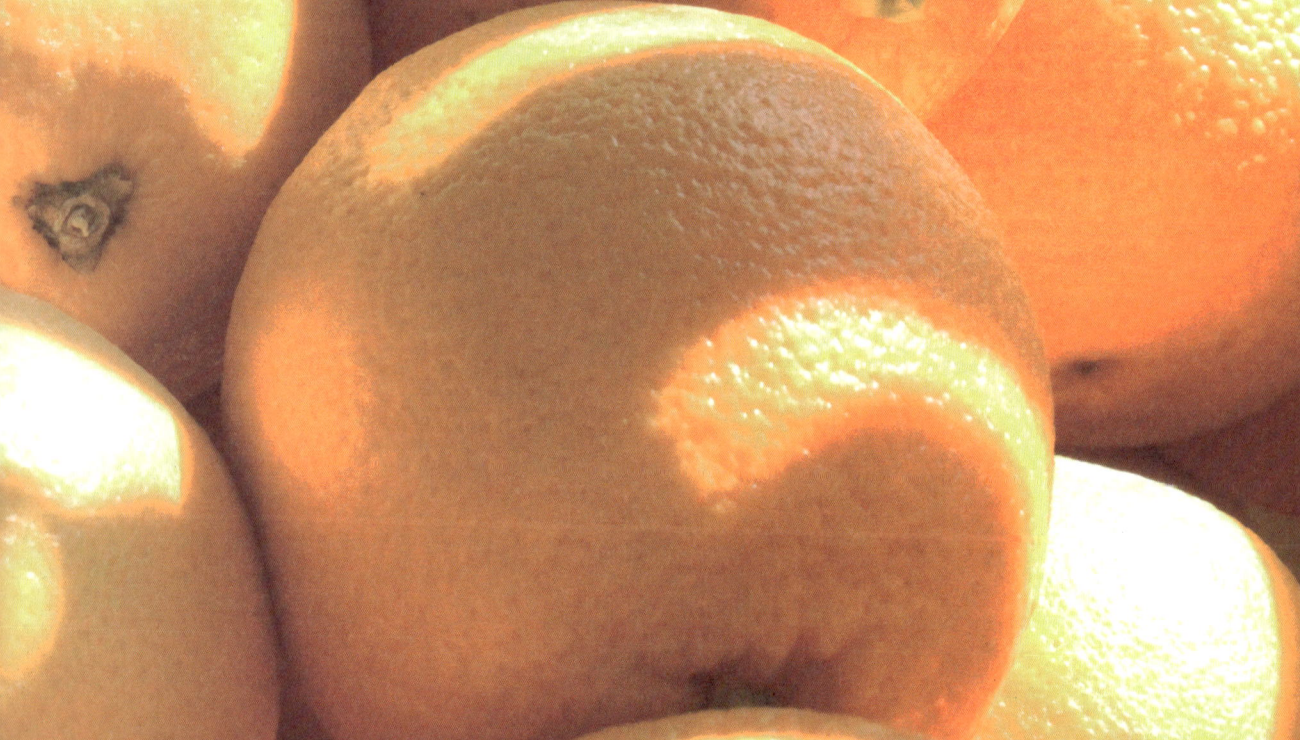

처음 사업을 하는 분들은 자금계획을 세울 때 대체 무엇부터 해야하는지 모르는 경우를 많이 보았습니다. 그때는 형태나 규모와 상관없이 고정적으로 지출되는 비용을 먼저 고려합니다. 권리금이나 보증금처럼 위치나 규모에 따라 천차만별인 부분을 먼저 고려하게 되면 처음 자신이 생각했던 비용보다 더 많은 비용 지출을 할 수 있습니다. 예를 들어 현재 1억 원을 가지고 있는데 시설 및 기기가 2천만 원, 인테리어 3천만 원 정도 소요될 것이라고 한다면 기타 잡비 및 예비비를 1천만 원 정도 두고 나머지 4천만 원 안에서 가게 임차비를 집행 할 수 있겠다는 정도의 계산이 나오는거죠. 그러면 보증금 권리금 합해서 4천만 원 이내로 가게자리를 구하면 됩니다.

예산 1억원

- 시설 및 기기 2천만 원
- 인테리어 3천만 원
- 기타 잡비 및 예비비 1천만 원
- = 가게임차비 4천만 원

이런 순서로 고려하면 처음 계획대로 1억 원 안에서 창업을 할 수 있습니다. 그러나 만약 순서를 거꾸로 해서 1억 원을 가지고 가게 자리를 먼저 집행하고 시설 집기 및 인테리어 비용을 집행하겠다고 계획을 세우면, 통상 보증금이나 권리금이 높을수록 입지 조건이 좋기 때문에 다닐수록 좀 더 좋은 조건의 가게자리를 찾아보게 되죠. 막상 가게를 오픈하고 나서 보면 처음 계획보다 비용이 많이 들어갔다는 것을 깨닫게 되죠.

예산 1억원

- 가게임차비 5천만 원 (보증금 2천만 원 + 권리금 3천만 원 or 보증금 1천만 원 + 권리금4천만 원)
- 인테리어 3천만 원
- 기타 잡비 및 예비비 1천만 원
- = 시설 및 기기 1천만 원 =〉 비용이 부족해서 1천만 원을 더 투자

* 총 들어간 비용 1억 1천만 원이 되어 처음 계획한 예산보다 초과됨

위의 계산처럼 창업 시 자금을 집행하면서 가게임차비용을 먼저 집행하게 되면 금액적인 부담에 상가만 둘러보다 창업을 포기하게 되거나 아니면 창업을 하더라도 창업비용이 초과하게될 수 있습니다. 이러한 과정은 정말 초기 창업에서 실패로 이어지는 지름길입니다. 왜냐하면 계획된 자금보다 창업자금이 초과될 시에 오픈하고 나서도 마음이 조급해지기 마련이죠. 그런 초조함은 손님을 대할 때 밝지 못한 표정으로 전달되기도 하고, 함께 일하는 직원들에게 전해지기도 해요. 가게 전체적인 분위기에 분명 악영향을 미치게 됩니다. '작은 차이가 명품을 만든다' 비단 자동차, 시계 같은 제품에만 해당되는 말은 아닐 것입니다.

주스바 창업 시 고려되는 고정지출비용 항목은 기자재와 물품구매 항목에서 자세히 설명 하겠습니다.

● 입지 선정 예산은 가능한 예산에서 최대한으로
시설 집기 인테리어에 집행할 금액이 대략 산정되면 그 다음은 가장 중요한 입지 선정이에요. '뭐라구요? 입지선정이 가장 중요하다구요? 가장 중요한 입지선정을 왜 제일 먼저 고려하지 않나요?' 라고 생각할 수 있습니다. 가장 중요한 입지 선정을 제일 먼저 하지 않고 다른 예산 계획을 세운 후에 하는 이유는 가장 중요한 부분에 최대한의 예산을 집행하기 위해서에요. 예를들어 창업예비자 A라는 사람이 있습니다. A는 집행가능한 경비가 1억 5천만 원 이구요. A는 가게 위치를 알아보던 중 중심 상권과 이름난 상권은 보증금 권리금이 너무 비싸서 엄두가 나지 않았어요. 여기저기 둘러보다가 권리금이 아예 없는 20평 정도의 가게를 구했어요. 보증금은 3천만 원에 월세는 100만 원인 곳이었어요. A는 생각보다 가게를 너무 싸게 잘 구했다고 생각했어요. 물론 처음 장사를 하는 입장에선 임대비용을 저렴하게 구하는 게 잘하는 일처럼 느껴지죠. A는 생각보다 예산도 많이 남았고 기분도 좋고 하여 시설 및 집기는 좀 더 좋은 것으로 샀어요. 비용은 5천만 원. 내친 김에 인테리어도 고급스럽게 했어요. 위치가 그리 좋은편은 아닌지라 웬지 시설 집기와 인테리어에 더 신경써야 할 것만 같았기 때문이죠. 평당 3백 정도해서 6천만 원. 기타 비용 및 여유 자금으로 천만 원 성도 남았어요. 여러분이 보기에 어떨 것 같으세요? 멋지게 오픈해서 성공했을까요?

멋지게 오픈을 한 A는 하루에도 12시간씩 열심히 일했지만 찾아오는 손님은 생각보다 드물었어요. A는 생각했어요. '도대체 왜? 뭐가 문제지? 인테리어도 고급스럽고 분위기도 좋은데 왜?' A는 도저히 이유를 모르겠어요. 시간은 흐르고 가게도 열심히 열어 놓았지만, 매상은 크게 나아질 기미가 보이지 않았죠. 결국, A는 6개월을 채 버티지 못하고 문을 닫아야 했어요. 물론 이런 일이 항상 일어나라는 법은 없어요. 그렇지만 매우 다반사로 일어나는 일입니다. 특히나 창업 초보자가 범하기 가장 쉬운 실수이기도 하죠. A같은 경우라도 잘되는 가게들이 있기는 해요. 그러나 그런 케이스가 많지는 않죠. 험난하디 험난한 곳이 자영업 시장이에요. 음식업이나 음료업은 진입 장벽이 낮아 경쟁도 심하죠. 전 세계 맥도날드 매장 수 보다 우리나라 치킨 가게가 많다는 이야기는 그냥 웃으면서 흘릴 이야기는 아닌 듯해요. 그만큼 어렵고 치열한 자영업 시장에서 하나라도 남들보다 나아야겠죠? 입지 선정에 대한 부분도 그중 하나에요. 남들보다 나아야 할 부분 중 어쩌면 가장 중요한 요소일지도 몰라요. 초보 창업자들이 중요하다고 생각은 하면서도 비용에 대한 부담이나 방법을 잘 몰라서 쉽게 간과하는 부분이 바로 입지에 대한 부분이에요. 그러나 장사를 해본 사람들은 경험으로 이미 잘 알고 있습니다. 입지조건이라는 말은 비단 아파트나 건물같은 부동산에만 국한되지 않아요. 권리금 없는 가게. 바꾸어 말하면 권리금이 형성되기 어려운 자리라는 말이에요. A는 입지 선정에서 세이브한 비용을 인테리어와 시설 등으로 투자하였지만 정작 중요한 부분에 더 집중하지 못했기 때문에 가게 운영에는 더욱 힘들었을 거에요. A와 같은 선택을 하더라도 만에 하나 예외적으로 잘되는 경우도 있기는 해요. 그렇지만 정말 만에 하나에요. 그 작은 확률에 여러분들의 열정과 돈과 노력을 투자하시겠어요?

저는 여러분이 확률 높은 게임을 하셨으면 좋겠어요. 만약 여러분이 오픈한 가게가 인테리어가 너무 좋고 여러분의 마케팅 능력이 너무 뛰어나고 파워 블로거들이 매일 같이 자발적으로 포스팅을 올려주고 할 정도의 맛과 특색을 겸비한 가게라면 저는 말리지 않겠어요. A와 같은 선택을 하더라도 밀이죠. 그렇지 않다면 여러분이 투자할 수 있는 금액의 가장 많은 비중을 입지선정에 투자해야 합니다. 반드시!

Section 04
매장 구상하기

입지선정 시 함께 고려할 사항이 '매장 구상하기'입니다. 내가 운영하고자 하는 매장은 어떤 형태로 할 것인가? 먼저 정해야 면적과 위치를 골라 상권을 분석할 수 있습니다. Take-out 전문매장으로 할 것인가 아니면 홀을 운영하는 카페 형태의 매장을 할 것인가? 홀을 하게 되면 테이블은 몇 개를 놓고 몇 평 규모로 할 것인가에 대한 부분을 정해야 합니다. 후르츠바스켓에서는 Take-out 전문매장의 경우 7평 내외를, 카페형 매장의 경우 15평에서 20평 안팎, 테이블 4~5개 정도를 추천하고 있습니다. 디톡스주스바의 경우 아직 커피나 디저트 카페처럼 앉아서 휴식을 취하거나 업무를 보는 분들이 많지 않습니다. 그렇기 때문에 홀을 운영하더라도 테이블이 그렇게 많이 필요하지는 않습니다. 그 부분은 장단점으로 작용하는 데 장점은 홀이 넓거나 테이블이 많이 필요하지 않아서 관리하기 편합니다. 그렇기 때문에 다른 카페보다 규모가 작은 상가에서도 충분히 운영이 가능하고 또 매출을 올릴 수 있다는 부분입니다. 단점이라고 하면 아무래도 홀을 찾는 사람이 많지 않기 때문에 가게가 좀 휑한 느낌이 들 수 있습니다. 또 손님들이 빈번하게 출입하는 것이 아니므로 자연스러운 홍보 효과는 조금 떨어지죠. 하지만 크게 걱정할 부분은 아닙니다. 왜냐하면 매출과 수익에는 큰 차이가 없기 때문입니다. 현재까지 디톡스주스바들을 보면 매출의 80~90%는 디톡스프로그램으로 이루어지고 있고 또 디톡스 프로그램 손님은 100% Take-out 손님이기 때문입니다.

이야기가 잠시 산으로 갔는데, 그 다음 가게 구상 시에 고려할 부분은 메뉴 선정입니다. 착즙 주스만을 판매할 지, 착즙 주스와 함께 비건 샌드위치나 햄버거 등을 함께 할 지, 그도 아니면 커피를 함께 제공할 지 등의 제품 구성을 선택해야 합니다. 만약 가게 규모와 형태, 제품 구성이 어느 정도 결정이 되었다면 그 다음은 내가 원하는 위치에 알맞은 상가가 나와 있는지 조사해야 합니다.

Detox-Juice bar

Recipe 05
가게입지 선정하기

한 번 선택한 가게 위치는 나중에 바꾸기가 쉽지 않기 때문에 이 부분이 창업 시 가장 고심할 부분입니다. 가게 입지선정에 대한 부분은 자금계획 단계에서도 잠시 말씀드렸지만 될 수 있는 대로 중심 상권 또는 이름난 상권을 적극 추천합니다. 중심 상권이나 이름난 상권은 당연히 대중교통이나 기타 도로 접근성이 그렇지 않은 곳에 비해 훨씬 좋기 때문입니다. 실제 주스바 매출은 Take-out 손님이 많은데도 불구하고 중심 상권 쪽을 추천드리는 이유는 이런 접근성이 매출에도 좋은 영향을 미치기 때문입니다. 대부분의 사람들이 중심 상권으로 접근할 때에는 소비를 위해서 접근하는 경향이 높기 때문입니다. 이러한 부분은 다른 업종에 비해 상대적으로 가격 단가가 높은 착즙 주스 구매에 거부감이 훨씬 덜 하기 때문이죠. 디톡스주스는 많은 양의 채소와 과일이 들어가고 또 슈퍼푸드나 유기농 채소 과일을 사용함으로 인해 주스 개당 단가가 높은 것은 다들 잘 아실 거라고 생각합니다. 시내 중심 상권 같은 경우 단품이나 스무디 고객도 가격에 대해 비싸다는 생각을 갖지 않지만, 대학교 주변의 상권, 또 회사원들로만 구성된 식당 주변, 술집 주변 상권들은 잘 맞지 않는 경향이 있습니다. 아무래도 학생들은 금전적으로 넉넉하지 못한 부분이 있고 또 회사원들은 매월 쓸 수 있는 비용이 한정적이다 보니 그런 것 같습니다. 주 고객층이 20~30대 여성분이다 보니 노년층이 많이 지나다니는 상권은 비추천합니다. 여러 가지 이유 때문에 중심 상권으로 못 가고 외곽쪽으로 가야만 한다면 반드시 구매력이 있는 사람들이 많은 곳으로 가야 한다고 말씀드리고 싶습니다.

서울을 예로들면 강남쪽 상권은 구매력이 있으므로, 중심 상권에서 조금 벗어난 아파트가 많은 주거지에 있는 상가라도 상관없습니다. 또한, 가로수 길이나 경리단길 같은 트랜드에 민감한 젊은이들이 많이 모이는 곳도 프리미엄에 대한 구매력이 충분하여 주스바를 하기에는 매우 적합한 상권입니다.

그러나 주스바는 커피처럼 너도나도 먹고 마시는 시장은 아니기 때문에 중심 상권이라고 하더라도 아주 중심지역으로 들어갈 필요는 없어요. 단지 고객들이 '중심 상권쪽에 위치하고 있구나' 생각하고 쉽게 방문할 수 있는 수준의 위치면 충분합니다. 즉 최고 중심 상권을 기준으로 두블럭 정도 바깥쪽 상권을 집중적으로 살펴보세요. 그 정도 위치 작은 평수의 상가라면 전체비용 1억 원 내외에서 충분히 오픈이 가능합니다.

Section 06
내가 원하는 상가 찾기

디톡스주스바를 창업하는 것이 커피숍 창업보다 중심 상권에 입주하기 유리한 부분이 있습니다. Take-out 위주의 손님이 많아 그로 인해 발생하는 매출이 높습니다. 앞서 이야기 했지만 착즙 주스는 개당 단가가 높으므로 손님이 붐비지 않아도 충분한 매출을 올릴 수 있다는 장점이 있습니다. 그러므로 주스바는 Take-out 손님을 바탕으로 5평에서 10평 미만의 작은 규모의 가게로도 충분한 매출과 수익을 발생시킬 수 있다는 큰 장점이 있습니다.

● 나도 중심 상권에 들어갈 수 있다.
중심 상권이 권리금, 임대료가 비싸다고 하더라도 5평에서 7평 정도 상가의 월세는 생각보다 비싸지 않고 충분히 감당 할 수 있는 수준의 가게가 많습니다. 5평 내외의 상가는 입주할 수 있는 업종이 그리 많지 않아 활용성이 떨어지기 때문입니다. 다른 한 가지 이유는 10평에서 20평 정도의 상가를 임대인이 반으로 잘라서 임대하는 경우가 있기 때문입니다. 20평짜리 상가가 만약 월세 200만 원짜리 상가라면 이를 반으로 잘라 10평짜리 상가 2개를 임대하면 120만 원에 2개 가능한 경우가 많습니다. 실제로 임대인이 이렇게 임차해주는 상가들이 많으므로 디톡스주스바는 10평 미만 평수의 가게를 월세 200만 원 이하에, 권리금과 보증금을 고려해도 중심 상권에 입주가 가능하답니다.

Detox-Juice bar

● 규모는 너무 크지 않게

디톡스주스바는 커피숍처럼 다양한 사람들이 오가며 언제나 편하게 이용하는 카페업 형태는 아닙니다. 그렇기 때문에 이용하는 인원수가 많지 않답니다. 그래서 가게의 규모는 그리 크지 않아도 괜찮습니다. 그래서 다음과 같은 정도의 규모를 추천드립니다.

추천 평수 및 규모

	Take-out 매장	홀 운영 매장	홀 운영 매장 + 커피
평수	5~10평	10~15평	15~30평
월세	80~150만 원	100~200만 원	150~250만 원
권리금	3천만 원 이하	5천만 원 이하	6천만 원 이하
인테리어 비용	3천만 원 이하	4천만 원 이하	5천만 원 이하

위와 같은 정도의 규모만으로도 접객이 충분히 가능하고요. 카페에 비해 규모가 크지 않기 때문에 카페와 비교했을 때 1억 원 내외의 소자본으로도 창업이 가능합니다.

● 공인중개사를 활용하라

어떤 지역에 어떤 규모로 가게를 할지 정하였다면 이제 본격적으로 상가 찾기에 나섭니다. 하지만 무턱대고 아무런 정보도 없이 상가를 구할 수는 없겠죠? 우선 근처의 공인중개사무소를 방문합니다. 공인중개사무소에 방문해 상가를 구하러 왔다고 하면 얼마만큼의 크기에 어떤 업종 형태를 할 건지 물어올겁니다. 보통은 디톡스주스바라고 하면 잘 모르기 때문에 생과일주스바나 커피숍 같은 가게 한다고 말씀하면 됩니다. 원하는 크기와 형태, 권리금, 보증금, 임대료에 관해 물어볼텐데 그러면 가급적 권리금이 싸고 임대료가 저렴한 가게를 보고 싶다고 하면 이것저것 말해줍니다. 보통은 권리금 기천대에 임대료 수백만 원인 가게를 먼저 알려줄 건데, 우리는 Take-out 위주로 할 거라서 큰 평수 필요 없고 5~7평도 충분하다고 일러주세요. 보통 광역시 정도면 5~7평이면 권리금 2~3천만 원 정도에 보증금 1~2천만 원 정도, 임대료 100만 원 내외의 가게를 구할 수 있을 겁니다. 물론, 그런 물건은 많지도 않거니와 그런 물건만을 찾는 사람도 많기 때문에 쉽게 구하기는 어렵겠죠. 하지만 낙담하지는 마세요. 시간이 조금 걸릴 뿐 보통은 2~3달 안에는 매물이 나오더라고요. 그래서 당장 없다고 하더라도 원하는 물건을 정확히 알려준 후에는 꼭 연락처를 남기고 오세요. 이때 명함을 받아와서 1, 2주마다 전화로 새로 나온 물건이 없는지 물어보는 것도 빨리 구할 수 있는 방법의 하나입니다. 왜냐하면 공인중개사도 사람인지라 지속적으로 연락이 와서 물건만 있으면 당장에라도 계약할 것 같은 사람에게 먼저 연락을 준답니다.

● 발품은 가능한 한 많이 팔자

방문한 공인중개사를 통해서 물건을 소개받을 때는 꼭 본인이 원하는 물건이 아니더라도 추천물건은 되도록 많이 봐두는 것이 좋습니다. 상가뿐만 아니라 아파트나 다른 물건을 살 때도 정말 중요한 부분인데요, 왜냐하면 이렇게 주변 물건을 둘러보면서 얻게 되는 정보가 꽤 쏠쏠하기 때문이죠. 인접한 주변의 물건들을 둘러보다 보면 주변에 어떤 상권이 주로 이루어져 있는지 또 기존의 상권에서 새로 나오는 상권은 어떤 것인지 비슷한 입지 조건의 큰 평수는 얼마나 하는지, 또 주변 상권의 호재나 바뀌는 부분은 없는지를 포함한 다양한 정보를 얻을 수 있기 때문입니다. 그러므로 시간과 여건만 주어진다면 주변 물건도 가능한한 많이 보면서 많은 정보를 수집하는 것이 좋답니다.

원하는 정보는 중개사무소에 있다
1. 공인중개사를 방문해요.
2. 권리금 3천만 원 내외 보증금 2천만 원 내외 임대료 100만 원 내외의 10평 미만 가게를 보여달라고 해요.
3. 원하는 물건이 아니더라도 비슷하거나 약산 비싼 물건 등을 3~4개 정도 일단 보여달라고 해보세요.
4. 주변 공인중개사무소를 3~4곳 더 방문해요.
5. 원하는 상가가 나오면 먼저 연락을 달라고 하고 연락처를 남겨요.
6. 수시로 방문하고 전화하여 원하는 상가나 나왔는지 지속적으로 확인해요.
7. 주변에 나온 물건들을 둘러보면서 현재 상권과 시세 등의 정보를 수집하세요.

Section 07
상가 계약하기

● **꼼꼼히 확인하자**

자신이 원하는 금액대의 상가를 추천받았다면 둘러볼 때 다음과 같은 유의사항을 고려합니다.

1. **하수구가 있거나 쓰레기 버리는 곳이 근처에 있으면 되도록 피한다.**

2. **요일별, 시간별로 유동인구를 점검해보고 주로 어떤 사람들이 다니는 지를 살펴본다.**

   (모 지인의 경우 점심때 쏟아져 나오는 유동인구가 많아서 계약하게 되었지만, 실제 유동인구는 남성 직장인과 그 지역 오랜 토박이 노인이 많았다. 아무리 유동인구가 많더라도 우리 주스바의 주 고객층과 멀다면 과감히 포기한다.)

3. **건물 주인에 대해서 알아본다.**

   건물주에 대한 부분은 상가가 마음에 들어 계약을 하기 전에 반드시 알아보는 것이 중요하다. 주변 상인에게 건물주가 까다롭지는 않은지 계약조건으로 인해 힘든 점은 없는지에 대해 조심스레 물어본다. 만약 옆에 같은 건물주 밑에서 장사하는 점주가 있으면 그 쪽에 확인하는 것이 가장 좋다. 가끔가다가 건물주가 인테리어 하는데 건물이 상한다고 못 하나 박는데도 일일이 간섭하고 감독하는 분들이 있다. 건물주가 이런 분이라면 오랜 기간 가게를 운영하는데 사소한 것들로 인해 스트레스를 받을 수 있으니 주의한다.

4. **건축물대장을 확인하기**

   ① 상가에 담보나 저당 잡힌 것이 있는지 확인해보고 대출은 얼마나 있는지 미리 확인한다.

   ② 위법 건축물인지 확인한다. 주스바는 근린생활시설에서만 허가받을 수 있다.

   ※ 위법건축물이라 하면 정식으로 허가받지 않고 간이 건물 등으로 지은 건물을 말한다. 상가를 추천받을 때 싸다고 해서 갔더니 주차장을 불법 개조해서 상가로 만들어 놓은 곳이나 건물과 건물 사이에 판넬만 얹어서 사용하고 있는 경우도 있다. 이런 상가는 당연히 권리금도 저렴하고 월세도 싸지만 덜컥 계약했다가는 나중에 본전도 못 건질 수 있고 향후 가게 양도 시에도 어려움이 많다.

   ③ 정화조 용량을 확인한다.

   비용이 발생하는 부분이기 때문에 필히 계약 전에 확인하고 건물주가 비용을 부담하거나 같이 하기로 했다면 그 부분까지도 계약서에 명시해야 한다.

5. **주차장을 사용할 수 있는지 확인한다.**

   주스의 경우 클렌즈 프로그램으로 구매하기 때문에 차량을 이용하는 고객이 많다. 가게 앞에 잠시라도 주차를 할 수 있는 공간이 있는 곳이 운영할 때 편하다.

6. **외부간판 설치가 가능한지 살펴본다.**

   주스바는 널리 알려진 형태의 업태가 아니라 외부에 사인물을 설치하고 배너를 세워두는 것이 좋다. 외부간판 설치 가능여부와 테라스 등은 사용 가능한지 구청에서 단속하는 지점은 가게 출입문이나 도로경계로부터 어느 지점까지인지 반드시 확인한다.

● **계약서 작성하기**

세심하게 따지고 따져서 원하는 상가를 찾았다면 이제는 계약을 준비한다. 새로 생긴 상가거나 현재 비어있는 상가라면 상가임대인(건물주)과 임대차계약서만 작성하면 됩니다. 간혹가다가 건물주가 바닥권리금을 요구하는 경우가 있는데 이런 곳은 웬만하면 피하는 게 좋습니다. 건물주가 욕심이 많다는 방증이라서 향후에도 본인 잇속만 생각하고 임차인의 권리는 존중해 주지 않을 가능성이 높습니다.

만약 계약하고자 하는 상가에 기존 세입자가 있고 공인중개사무소에 기존 세입자가 물건을 내놓은 것이라면 건물주와 임대차계약 전에 기존 임차인과 권리금 계약을 해야만합니다. 권리금계약과 임대차계약은 통상적으로 공인중개사 입회하여 같은 날 진행합니다. 계약서 작성 순서는 기존 임차인과 권리금계약서를 먼저 작성 후 나중에 건물주와 임대차계약서를 작성하면 됩니다. 만약에 임대차계약을 먼저 진행하게 되면 기존 임차인과 권리금 계약 시에 불리할 수 있거나 기존 세입자가 권리금을 더 받겠다고 하는 등의 문제가 발생할 소지가 생깁니다. 그렇기 때문에 반드시 권리금계약을 먼저 하길 바래요. 다음 유의사항을 잘 확인하면 권리금계약도 임대차계약도 잘 할 수 있습니다.

권리금계약 유의사항

- 현재 집기 중에서 가져갈 물건과 놓고 갈 물건에 대해 명확히 한다.
- 현 건물주와 임대차계약서 작성 시 특약사항 같은 게 없는지 확인한다. 예를 들어 임대차계약 만료 시 기존 인테리어를 모두 철거하기로 했다거나 원상복구 시켜주기로 한 사항이 있는지에 대해서 말이다.
- 시설 및 집기를 철거해 주기로 했다면 언제까지 해줄 것인가에 대해 계약사항에 기재한다(일부 품목만 철거하거나 가지고 가기로 했다면 언제까지 철거할 건지에 대해서도 기재한다. 이 부분은 중요한 사항으로 임대차계약서 작성 후 인테리어를 위해 철거공사를 진행해야 할 때 일정을 지켜주지 않으면 인테리어 공사일정에 지장이 생길 수 있다).
- 전기료, 수도세, 가스비 등 정산은 완료했는지 영수증을 확인한다.

임대차계약 유의사항

- 계약은 반드시 건물주 본인과 직접 한다.
- 신분증과 대조하여 본인 확인한다.
- 등기부등본을 확인하여 계약자와 실 소유자가 동일한지 확인하고 근저당설정 여부를 한 번 더 확인한다.
- 건축물 관리 대장의 임대평수, 위치, 용도 등이 계약사항에 정확히 기재되었는지 확인한다.
- 토지대장을 확인하여 해당 점포의 토지와 건물주가 동일인인지 확인한다(동일인이 아닐 시 향후 문제의 소지가 있습니다).
- 도시계획확인원에서 해당 건물이 재개발지역으로 예정되어 있지는 않은지, 도시계획도로 개설 예정지로 설정되어 있지 않은지 확인한다.
- 계약 사항은 꼼꼼하게 모두 기재한다(구두로 합의한 사항은 향후 효력이 없다. 모든 사항은 반드시 계약서에 기재한다).
- 향후 건물의 리모델링 계획이 있는지와 건물의 매매 계획에 대해서도 미리 확인한다.

Section 08
인테리어 진행하기

● **인테리어 어렵지 않아요.**

흔히들 인테리어는 어렵다고 생각하는 사람이 많은데 인테리어도 알아보면 어렵지 않고 비전문가도 쉽게 접근할 수 있는 부분이 많아요. 다만 인테리어를 할 때는 본인 스타일과 개성이 잘 반영될 수 있도록 업체에 원하는 바를 명확히 전달하세요. 자신만의 스타일, 자신이 원하는 스타일을 잘 생각해보고 기존의 가게 중에 마음에 드는 가게가 있다면 반드시 업체와의 미팅 시 이야기 하는 게 좋습니다.

● **그렇지만 전문가에게**

'저도 인테리어 좀 잘 아는데요. 제가 직접해도 상관없지 않나요?'라고 물어보는 분이 있습니다. 그럴 때마다 저는 '네 얼마든지 가능하죠. 직접 하셔도 상관없어요. 그렇지만 분명 후회하실 거에요.'라고 말씀드립니다. 왜냐하면 인테리어라는게 업으로 하는 전문가가 아니면 여간 신경이 쓰이는 게 아니기 때문이죠. 당연히 점주가 인테리어에 대한 경험이 있고 자신이 있다면 비용을 절약할 수 있다는 메리트는 있습니다. 그러나 인테리어 공사는 다른 사람이나 전문 인테리어 업체에 맡기는 걸 추천합니다. 왜냐하면 비용적으로는 절약되는 부분이 있을지 모르나 창업 전 인테리어에 너무 신경 쓰다 보면 다른 중요한 부분을 놓치는 경우가 많기 때문이죠. 실제 주변 지인들 중에 직접 인테리어 공사를 진행하였는데 너무 신경 쓴 나머지 정작 중요하게 준비해야 할 제품구성, 제품준비, 마케팅, 직원 채용 및 교육 등에 집중하지 못하는 경우를 보았습니다. 인테리어는 분명 중요한 부분이긴 하지만 가게를 구성하는 요소 중에 하나라는 부분을 생각하면 가게 오픈 전에 인테리어에 너무 많은 에너지를 쏟는 것은 정말 비추천입니다. 가게 하나를 오픈하기 위해서는 인테리어 말고도 해야 할 일이 많거든요. 그렇기 때문에 정말 이거 나 말고는 못 한다는 인테리어 전문가가 아니라면 인테리어는 전문 인테리어 업체에 맡기길 추천합니다.

● **주스바 스타일링**

인테리어라는 것은 쉽게 얘기하면 가게에 어떤 옷을 입힐 것인가 하는 부분이죠. 내가 어떤 사람인지 주변에 보여주고 싶을 때 옷차림만 한 게 없듯이 우리 가게가 무엇을 파는 가게인지, 추구하는 바는 어떤 것인지를 손님들에게 보여주는 가장 좋은 것이 인테리어입니다. 옷도 마찬가지지만 인테리어도 크게 보면 모던이나 빈티지 내추럴 같은 스타일로 나눌 수 있습니다. 스타일이라는 것은 전체적인 느낌으로 어떤 콘셉트의 어떤 느낌으로 갈지는 평소에 점주가 어떤 스타일의 가게를 하고 싶었는지를 잘 생각해서 반영하면 됩니다. 후르츠바스켓은 건강한 느낌의 내추럴한 이미지를 추구하였으나 주스바는 사실 어떤 스타일에도 잘 어울리는 것 같습니다. 모던이나 빈티지 콘셉트으로 오픈한 가게도 많이 보았답니다. 스타일이란 점주의 개성이 어느 정도 반영이 되는 것이 좋으니 평소에 각자가 어떤 스타일의 카페를 좋아하는지 생각해 보고 가게를 하면 이런 스타일로 해야지 하고 미리미리 정리 해두는 것이 가장 좋답니다. 좋아하는 스타일의 인테리어를 발견하면 그때그때 사진으로 남겨 놓는 것도 좋은 방법입니다.

● **스타일링의 정석**

내가 하고 싶은 스타일링을 하라고 말씀드렸습니다. 하지만 매장 운영에서 나의 취향만큼이나 중요한 포인트는 바로 '손님의 취향'입니다. 가게 인테리어는 손님이 만족하고 좋아할 부분이 있어야 한다는 것을 기억해주세요.
보통 주스바는 주로 20대 후반에서 30대 초중반의 젊은 여성분들이 많이 찾아요. 요즘은 같은 나잇대 고객층이라도 선호하는 스타일이 다양하겠지만 대개 밝고 모던한 스타일이나 원목을 섞은 따뜻한 느낌의 내추럴한 스타일 인테리어를 많이 선호하는 편입니다. 그래서 모던이나 내추럴쪽으로 간다면 평균은 될 거라고 생각합니다.
하나 더 중요하게 생각할 포인트는 요즘은 맛집이 아닌 멋집이 뜨는 SNS 전성시대입니다. 특이한 인테리어 만으로도 손님을 끌어모을 수 있는 시대이죠. 특히 인스타그램은 사진 한 장으로 가게의 아이덴티티가 설명 가능해야 합니다. 사진이 잘 나오려면 인테리어 하실 때 적절한 조명, 흰 바탕, 채광을 고려해야 합니다.

● 스타일은 내 맘대로?

스타일은 점주의 마음이니 본인이 좋아하는 스타일로 진행하면 됩니다. 그렇지만 한 가지 중요한 점은 잘못하면 망하기 십상이라는 것이죠. 뭐 아파트 인테리어야 해놓고 나 혼자 좋아도 아무런 상관이 없겠지만 가게 인테리어는 손님이 만족하고 좋아할 부분이 있어야 한다는 것을 기억해 주세요. 본인 맘이라지만 손님이 정말 이건 아닌데 하면 그걸로 끝입니다. 그래서 이것만은 알고 가야 합니다. 그러니까 우리가 타겟팅하는 손님, 우리 가게를 방문해서 가장 많은 매출을 올려줄 주 고객군이 어떤 사람들이고, 어떤 스타일을 선호하는지 알아야 합니다.

보통 주스바는 주로 20대 후반에서 30대 초중반의 젊은 여성분이 많이 찾습니다. 요즘은 같은 나잇대 고객층이라도 선호하는 스타일이 다양하겠지만 그래도 일반적인 스타일은 밝고 모던한 스타일이나 원목을 섞은 따뜻한 느낌의 내추럴한 스타일의 인테리어를 많이 선호하는 편입니다. 그래서 모던이나 내추럴쪽으로 가신다면 우리의 주고객분들로부터 가게 인테리어가 참 별루라는 말은 안 들어도 될 겁니다. 그렇지만 앞에서 말했듯이 스타일이야 워낙 다양하고 자유로우니 결코 정답은 없습니다. 본인이 정말 원하는 스타일이 있다면 과감하게 진행해 보는 것도 좋습니다.

Detox-Juice bar

Section 09
인테리어 업체 선정하기

인테리어 업체는 어떤 업체를 선정하는 것이 좋을까요? 가격이 저렴한 곳? 자재를 고급으로 쓰는 곳? 경험이 많은 곳? 인테리어 업체를 통해서 인테리어를 한 번도 진행해 본 경험이 없는 분은 대개 가격이 저렴한 곳으로 할 가능성이 높아요. 왜냐하면 창업비용을 줄이고 싶기 때문입니다. 그러나 이 부분은 견적을 받을 당시에는 만족스러울지 몰라도 향후 공사가 끝났을 때에도 만족스러울지는 의문인 부분입니다.

● 내 스타일이 뭔지 알겠니?

저는 지금까지 수십 개 업체 대표 또는 공사 담당자들과 미팅을 해보았고, 10곳이 넘는 가게, 아파트 등의 공사를 여러 인테리어 업체들과 진행해 보았습니다. 그렇게 수많은 미팅을 하고 업체를 선정해서 공사를 진행해보니 그 중에서 가장 만족스러운 결과를 얻었던 업체는 바로 제가 원하는 스타일을 잘 이해하고 또 그것을 실제로 구현해 준 업체입니다. 이 부분이 가장 중요한 부분입니다. '내가 원하는 스타일을 이해하고 실제로 구현해준다' 하지만 공사를 해보지 않고 어떻게 알까요? 당연히 첫 결과물이 나오기 전까지는 여러 업체들 중에서 어떻게 내가 원하는 부분을 잘 구현해 내는 업체인지 분간하기가 어렵겠죠. 그렇지만 방법이 없는건 아닙니다. 몇 가지 사항만 검토하면 내가 원하는 스타일을 잘 해낼지 아닐지 유추가 가능하답니다. 먼저 여러 업체들 중에 인터넷에 홈페이지가 있는 업체를 몇 개 선정합니다. 그리고 각각의 업체 홈페이지를 방문해서 지난 시공이나 공사 이력의 사진을 유심히 살펴봅니다. 기존에 했던 공사들이 내가 원하는 스타일의 공사였는지 어떤지 사진을 통해서 확인을 합니다. 아니면 업체에 전화를 걸어 이러이러한 공사를 진행하려고 하는데 비슷한 공사를 한 이력이 있는지 알아보고 가까운 곳에 그런 공사를 진행한 가게가 있으면 직접가서 방문하여 확인합니다. 만약에 홈페이지나 블로그 등에서 시공 결과물을 확인할 수 없고 업체에 요청하여도 자료가 없다고 한다면 이런 업체와는 계약을 하지 않는 것이 좋습니다.

● 말이 통해야 뭐라도 하겠지

업체 선정 시에 고려할 또 한가지 중요한 부분은 바로 커뮤니케이션에 대한 부분입니다. 인테리어는 방향과 스타일이 정해지고 도면이 나왔다고 해서 그걸로 공사업체에서 끝까지 책임지고 완료하는 것이 아닙니다. 공사를 진행하다 보면 점주 입장에서 추가하고 싶거나 제외하고 싶은 부분이 있기도 하고 공사업체에서도 수정이 필요한 부분을 발견하게 되는데 이때 커뮤니케이션이 원활하지 않다면 나중에 가서 싸우게 되는 경우도 종종 생깁니다. 사전 미팅을 하면서 말이 잘 안통한다고 느끼는 업체가 있으면 가급적 배제합니다.

그리고 공사 수정시에는 서로 무슨 말을 했고 오고갔는지 명확히 할 필요가 있고 중간에 수정이 발생한 부분에 대해 추가 비용과 수정부분에 대해서 반드시 문자나 서면으로 남겨 놓는 것도 중요한 부분입니다.

〈인테리어 업체 선정시에 고려할 중요한 두 가지〉
- 점주가 생각하는 부분을 얼마나 잘 구현해 낼 수 있을까
- 얼마나 명확하게 커뮤니케이션하고 또 했던 말에 책임을 지는가

그 다음은 예산과 경험 스케줄 등을 고려해서 선정합니다.

업체 선정시 고려사항
1. 얼마만큼 내가 생각하는 스타일은 잘 구현해 줄 수 있는가에 대한 부분 업체의 홈페이지에 올라와 있는 공사 시공 전후 사진이나 팜플렛 지향점 등을 통해 확인
2. 비용은 얼마가 적당한가? 미리 선정해 놓은 업체들을 3~5군데 정도 미팅하고 견적을 산출해 보면 대략적인 금액이 나온다. 아주 유명한 업체가 아니고서는 그리 큰 차이가 나지 않는다. 다만 견적서 확인 시 인테리어 견적에 포함하는 부분과 포함되지 않는 부분을 유심히 비교하여 볼 필요가 있다(일반적으로 간판, 냉 난방기, 전기 증설, 어닝, 가스, 주방 집기는 공사 견적에 포함하지 않는다. 또한 철거공사는 별도로 진행하는 곳도 있다.).
3. 공사기간은 업체별로 스케줄에 따라, 공사규모에 따라 2주에서 한달 반까지 걸린다. 같은 공사라면 공기를 가급적 짧게 잡아주는 곳이 좋으나 실제 공사해 보면 보통 완전하게 마무리 되는데 까지는 업체에서 제시하는 공기보다 3~5일 정도 더 소요된다고 생각하면 된다.

● 예산은 얼마가 적당한가?

평소에 인테리어를 진행해본 경험이 많지 않다면 본인이 원하는 규모의 가게를 하는데 얼마의 인테리어 예산이 들어갈지 감이 오지 않습니다. 하지만 너무 걱정하지 마세요. 주스바 창업에 필요한 인테리어 비용은 규모에 따라 차이가 있지만 10평 내외 2~3천만 원 20평 내외 3~4

천만 원 정도가 통상적입니다. 너무 과하게 하지만 않는다면 말이죠.

인테리어 비용은 자재의 선택에 따라서 그 비용이 천차만별이지만 주스바나 카페에 맞는 인테리어를 하려면 평당 150~200만 원정도가 들어간다고 생각하면 됩니다. 평단가는 통상 가게 규모가 커지면 내려가고 규모가 작아 질수록 올라가는 경향을 보이죠. 인테리어는 자재 등급에 따라 하나만 바꿔어도 금액 차이가 많이 나기 때문에 꼭 싸게 했다고 좋아하고 비싸게 했다고 슬퍼할 일만은 아니랍니다. 그렇지만 건축이나 인테리어에 대해 잘 모르는 사람들은 비싼 비용으로 값싼 자재의 인테리어를 하게 되는 경우도 있으니 주의가 요망됩니다. 반드시 3군데 이상의 인테리어 업체로부터 견적을 받고 진행하는 것을 추천합니다. 그리고 그 업체가 진행한 다른 공사의 리뷰나 실제 진행한 가게 사장님께 어떠했는지 확인 과정이 있다면 더욱 좋겠죠.

● 뭐가 이리 복잡해?
인테리어 업체에서 견적서를 받아보면 너무나도 낯선 공사 종류와 항목에 머리가 아프죠. 비용이라고 적혀 있는 게 숫자지만 이게 도무지 맞게 책정된 금액인가 알 수도 없어요. 그렇게 때문에 반드시 최소 3군데 이상의 업체에서 비교견적을 받아 보는 것이 가장 좋은 방법입니다.

인테리어 공사 종류	세부항목
철거 공사	내부 철거, 외부 철거
가설 공사	현장 정리, 자재 운반, 폐자재 처리, 입주청소
목공사	인건비, 목자재
전기 조명 공사	배선 공사, 조명
도장 공사	페인트, 인건비
설비 공사	설비재료, 인건비
타일 공사	데코타일 공사, 타일 공사, 인건비
바닥	에폭시, 타일, 원목 등
유리 및 도어	강화 도어, 유리 프레임, 출입문 도어, 망입유리 등
기타 공사	외부 데크
인테리어 공사에 포함되지 않는 별도 항목	내외부 간판, 냉 난방시설, 전기 증설, 어닝, 가스 공사, 주방집기, 가구

Part03 / 디톡스주스바 창업하기

● 공간 활용에 대한 고민

인테리어 업체가 선정이 되었다면 인테리어 업체와 함께 점포실측을 하고 공간을 효율적으로 사용할 수 있게 계획을 세웁니다.

주스바는 커피숍보다 주스종류도 다양하고 병 사이즈도 다양하기 때문에 그러한 부자재들을 적재할 수 있는 공간을 많이 할애해야 합니다. 또 과일을 전처리 하는 싱크대 공간이 많이 필요하고 주스를 짜는 작업대와 포장을 할 수 있는 작업대 공간을 별도로 고려해서 주방을 설계해야 향후에 불편함이 없습니다. 그리고 과일 채소를 신선하게 보관하기 위한 사이즈가 비교적 큰 냉장고가 있어야 하고 과일을 예쁘게 보이기 위한 디스플레이용 냉장고가 별도로 있으면 좋습니다.

이러한 부분을 고려하여 과일 채소를 꺼내고 〉 세척 〉 전처리 〉 착즙 〉 포장순으로 주방동선을 고려한 주방설계로 일의 효율을 높입니다.

● 전기증설은?

전기는 5~7평의 Take-out 전문매장은 전기 용량이 5kW만 되어도 충분해요. 만약 10평이상의 매장이면 10kW내외가 필요하니 사전에 이를 고려하여 전기 증설이 필요한 경우 전기 공사 업체를 통해 전기 증설을 하세요. 전기증설 시에는 다음과 같은 서류가 필요합니다.

전기증설시 필요서류
건물주 및 사용주 신분증 복사본, 건물등기부 등본, 토지대장, 가옥대장, 전기 요금 영수증(마지막 분), 건물 전체 수전용량 총 75kW 이상 시 전기안전 관리자 선임 필증, 배치 감리 확인서

Detox-Juice bar

Section 10
시설 및 기기

● 착즙기

주스바에 들어가는 시설은 일반카페나 커피숍과는 약간 달라요. 주스바의 메인메뉴는 아무래도 착즙 주스이기 때문에 착즙에 적합한 기기를 구입하는 것이 무엇보다 중요합니다. 착즙기도 몇가지 종류가 있지만 주스바에서 대표적으로 많이 쓰는 모델은 엔젤녹즙기인 것 같아요. 딱딱하고 수분이 많지 않은 재료를 착즙할 때는 다소 힘이 드는 부분이 있지만 엔젤녹즙기가 쓰기에는 여러모로 장점이 많습니다. 착즙한 후에 펄프를 만져보면 수분기가 거의 없는 것이 착즙이 매우 잘 된다는 반증이겠죠. 주스바라고 해서 착즙을 많이 할 것이기 때문에 착즙기도 큰 것으로 준비해야 하나 하고 고민하는 분도 있을 거에요. 물론 업소용 대형착즙기가 있다면 일하는데는 편하고 작업효율도 분명히 올라가는 장점이 있습니다. 그렇지만 초기투자 비용이 올라간다는 단점도 함께 있죠. 엔젤 착즙기는 생각보다 비쌉니다. 업소용은 작게는 500만 원부터 대형업소용은 4천만 원을 호가한다고 합니다. 업황이 아주 호황이고 물량을 맞추는 것이 힘에 붙일 정도가 된다면 그때가서 업소용으로 바꿔도 됩니다. 처음에는 엔젤녹즙기 가정용 두 대 정도만 구비해도 충분합니다.

● 냉장고

주스바는 채소, 과일을 많이 사용한답니다. 채소, 과일은 신선하게 보관하기 위해서 냉장고가 필수죠. 냉장고 용량은 업소용 냉장고로 1000리터 정도는 되어야 여유가 있답니다. 보통 '업소용냉장고' 검색하면 '4구', '6구' 이런식으로 문달린 개수로 구분하는데 4구용 냉장고로 구입할 거면 4구 전체가 냉장 전용으로 된 것으로 구입하는 것이 좋습니다. 6구용 냉장고로 구입하려면 4구는 냉장 전용이고 나머지 2구는 냉동고로 되어있는 것으로 구입하는 것이 좋습니다.

● 냉동고

냉동고는 크게 필요성을 못느끼는 분들도 있지만 냉동고가 있으면 가게를 운영하는데에 있어 편리합니다. 스무디를 만들거나 기타 착즙 주스 이외의 제품에 얼음이 들어가는 레피시가 있거든요. 얼음을 보관하거나 재료중에 얼려진 것이 있다면 보관할때에 필요하겠죠?

● 블렌더

블렌더는 업소용 초고속블렌더 구입하기를 추천합니다. 그리고 특히나 방음기가 있는 블렌더를 구입하라고 말씀드리고 싶네요. 왜냐하면 초고속블렌더 소리가 아주 시끄럽거든요. 블렌더가 돌아가는 동안 소음이 너무 심하면 가게에 있는 손님과 대화가 잘 안되겠죠? 그렇기 때문에 소음덮개가 있는 것으로 준비하는게 좋습니다. 덮개가 있는 것과 없는 것은 정말 소음차이가 큽니다.

● 쇼케이스 냉장고

쇼케이스 냉장고는 선택사항이긴 합니다. 왜냐하면 이미 보관용 냉장고가 있기 때문이죠. 쇼케이스는 말그대로 보여주기 위해서 디스플레이용으로 둔다고 생각하면 됩니다. 쇼케이스는 냉장기능을 가지고 있지만 냉장전용 냉장고 보다는 냉장 효율이 떨어지는 편이랍니다. 그러나 카페나 다른 주스바에 가보시면 쇼케이스가 하나씩은 구비되어 있는걸 본적이 있을거에요. 그것은 손님들의 인식이 쇼케이스 냉장고 안에 보관되어 있는 것을 볼때 좀 더 신선하게 보관하는 것 같고, 밖에 두는 것보다는 깨끗하게 보관한다고 느끼기 때문인데요. 실제로 .오렌지나 자몽 키위 같은 후숙과일들은 굳이 쇼케이스에 넣어 보관하실 필요는 없으세요. 완전하게 익지 않은 후숙과일들은 밖에 두어 좀 더 숙성이 되도록 하는 것이 당도나 맛이 더 좋습니다. 왜 동남아에 여행가면 과일들을 박스채 두거나 그냥 나무바구니에 담아서 보관하는 것을 보셨을 거에요. 그만큼 쇼케이스는 보여주기 위한 기능이 냉장보관 기능보다는 크답니다. 그렇기 때문에 눈에 잘 띄는 곳에 위치시켜두는 것이죠. 크기는 쇼케이스도 다양한데 이것 또한 크기가 조금만 커져도 가격이 많이 뛰는 편이기 때문에 굳이 큰 것을 고집할 필요는 없습니다. 그리고 가게 크기나 인테리어를 고려하여 크기를 선택합니다. 통상 1200 × 900 × 1200 정도 이내에서 선택하면 크게 무리가 없을 듯 합니다.

● 자외선 건조살균기

자외선살균기도 필수항목입니다. 착즙 주스는 따로 살균 과정이 없기 때문에 제품이 빨리 변질될 우려가 있습니다. 채소나 과일에 들어있는 생균이나 효모만으로도 충분히 변질이 될 수 있습니다. 주스에 들어있는 생균이나 효모, 효소들은 우리 몸에 들어오면 유산균과 생물 효소로서 좋은 작용을 하지만 주스에 들어있는 상태로 있다면 처음 주스가 생산된 후부터 주스를 변질시킬려고 노력을 할 거에요. 그래서 가급적 바로 생산해서 바로 드시는 것이 가장 좋죠. 하지만 소비자들은 바로바로 드실 수 없는 경우가 있습니다. 그럴때를 생각해서 생산과정을 최대한 깨끗하게 하는 것이지요. 주스를 담는 통을 물로 세척 후에 자외선살균기로 살균하면 잡균의 침투는 막을 수 있겠죠. 실제로 해보면 살균한 통에 보관하는 것과 그렇지 않고 그냥 물로만 세척한 통에 세척한 주스는 변질 속도에 있어 차이를 보여요. 용량은 컵용량 기준으로 40~50개 정도의 용량이면 충분합니다. 대개 30분 정도면 건조 살균이 다 됩니다. 용량이야 당연히 크면 더 좋지만 이 부분도 크기가 커지면 비용이 커진다는 것을 생각해야 합니다. 그리고 반드시 건조기능이 함께 있는 제품으로 해야 합니다. 건조기능이 없이 자외선 살균만 되는 제품이 있으니 주의하세요. 활용은 하기 나름이지만 도마나 칼 등의 소독에도 유용하니 꼭 주스 보관통 살균에만 사용하지 않아도 됩니다.

● 냉온풍기

겨울에 춥고 여름에 더울 때는 가게에 냉온풍기는 필수겠죠? 냉온풍기는 인테리어 할 때에 시스템으로 하면 가장 좋지만 시스템 냉온풍기는 보기에 깔끔한 반면 비용이 일반 스탠드에 비해서 50%이상 비쌉니다. 스탠드형이

든 시스템이든 냉온풍기는 반드시 있어야 합니다. 가게 오픈 후에 달려고 하면 매우 번거롭기 때문에 가급적 인테리어 할 때 같이 하기를 적극 추천합니다. 이 때 한가지 고려할 부분은 용량인데 카페나 상업시설에는 보통 가게 평수의 2~2.5배의 용량으로 설치한답니다. 만약 가게 평수 그대로 한다면 많이 부족하다고 느끼실 거에요. 주스바는 불을 쓰는 공정이 거의 없지만 냉장고나 쇼케이스에서 배출되는 열이 상당하기 때문에 용량이 부족하면 여름엔 상당히 덥다고 느낄 수 있습니다. 그리고 찾아오는 손님에게도 쾌적한 환경을 제공하기 위해선 2배 이상의 용량을 구비합니다.

● **시설 비용 전반**

시설 비용은 아래표를 참고합니다. 물론 하기에 따라서 더 좋은 제품을 쓰면 비용은 올라가고, 중고기기를 활용한다면 저렴해지는 것이 당연하지만 일반적인 주스바를 한다면 크게 차이는 없습니다.

시설/ 기기	비용
냉온풍기	300~600만 원
착즙기 2대	300만 원
고속블랜더	100만 원
살균건조기	50~100만 원
6구 냉장고	100~200만 원
쇼케이스	100~200만 원
휴롬 2대	80만 원
기타 시설 예비비	100~200만 원
비용 합계	1,500만원 ± 500만 원

그리고 착즙기 냉장고를 포함한 모든 시설 및 기기는 오픈하기 일주일 전에는 준비되어 있어야 합니다. 일주일 전에는 모든 준비가 끝나서 미리 착즙해보고 청을 포함한 베이스가 되는 재료는 미리 손질하거나 담아둬야 하기 때문입니다.

Section 11
주방집기 및 일회용품

● 주방집기

주방집기는 딱히 어떤 도구를 써야 된다는 부분은 없습니다. 채소, 과일을 세척하고, 자르고, 보관하는 일에 필요한 도구들이 기본적으로 준비가 되어있으면 됩니다. 그리고 무게를 달거나 계량을 위한 도구가 있으면 됩니다.

도구	비고
계량스푼	재료 계량을 위한 도구
계량컵 -소	
계량컵 -대	
냉장보관용 용기 - 플라스틱 소	채소 과일 보관용
냉장보관용 용기 - 플라스틱 대	
냉장보관용 용기 - 스틸 소	
전자저울	저울은 3Kg이상 가능한 저울
도마	3개 이상
칼	종류별로 3개 이상
세척용 통. 바구니 등	수납통은 많을수록 좋음
음식물 쓰레기통	20리터 1개 (필요시 2개 정도)

● 일회용 용기/용품

제품을 만들어 손님에게 제공하기 위한 일회용기나 포크 빨대 등도 미리 구비해야 합니다. 아래에 있는 일회용품은 주스바든 카페든 가장 기본적으로 구비해 놓는 것입니다. 그렇기에 필요에 따라 추가로 구매해야 하는 품목도 있고, 필요없는 품목도 있답니다.

일회용품	비고
포크	과일을 집어 먹기 위한 용도
숟가락	과일이나 과육을 떠먹기 위한 용도
스무디 빨대	스무디용 굵은 빨대
아이스 빨대	일반 음료용 빨대
벤티 빨대	길이가 긴 빨대
핫 스틱	음료를 저을 때 쓰는 스틱
14oz 아이스 컵	
14oz 뚜껑	
컵 홀더	
테이크 아웃용 캐리어	테이크 아웃 음료 손님용
디톡스 주스 용기-대	
디톡스 주스 용기-중	
디톡스 주스 용기-소	
디톡스 라벨 스티커	디톡스 주스용기 부착용 스티커
보냉 가방	주스 보관용
비닐 가방	제품을 담기 위한 비닐백
냅킨	

Detox-Juice bar

Part03 / 디톡스주스바 창업하기

Section 12
재료 공수하기

● **재료가 전부다**

주스바를 운영하면서 지속적으로 신경을 쓰고 관리를 해주어야 하는 부분이 있는데 바로 제품의 베이스가 되는 신선하고 맛있는 재료 공수에요. 주스바는 제품에 첨가물을 사용하지 않는 것을 지향합니다. 메인 메뉴인 착즙 주스도 마찬가지로 100% 채소, 과일만을 사용하다 보니 기본이 되는 재료의 맛이 상당히 중요합니다. 지금 냉장고에 있는 채소, 과일의 맛이 곧바로 제품의 맛으로 연결됩니다. 만들고 나서 덜 달다고 해서 설탕이나 꿀을 첨가하지 않습니다. 맛이 떫거나 밍밍하다고 해서 착향을 하지도 않습니다. 그러다 보니 무엇보다 신선하고 맛있는 재료 구매가 아주 중요합니다. 처음에는 신경을 쓰더라도 몇 번의 시행착오를 겪습니다. 채소, 과일이란게 계절별로 또 출하되는 날짜별로 조금씩은 맛과 향이 다르거든요. 그래서 이 부분은 특히나 시간이 지나 노하우가 쌓여야 하는 부분입니다. 지역별로 들어오는 채소, 과일이 산지별로 조금씩 차이 나니까 절대적으로 어디 것을 사는 것이 좋다, 어떤 루트로 사는 것이 좋다는 것은 말씀드리기가 어렵습니다.

● **제철 과일이 최고다**

한 가지 확실한 것은 직접 가서 눈으로 보고, 또 먹어보고 고르는 것이 시행착오를 줄일 수 있는 최선의 방법입니다. 그래도 약간의 노하우가 궁금하다면 몇 가지만 알려드릴께요. 우선은 제품을 개발하는 단계에서 계절 과일 위주로 제품을 개발하세요. 무조건 중간 이상은 간답니다. 요즘은 하우스 과일이다 수입과일이다 해서 사시사철 언제든지 과일이 있는 것 같죠. 하지만 과일이라고 다

같은 과일인가요? 여름에 출하되는 수박과 겨울에 출하되는 수박의 맛을 드셔보셨으면 다들 아실거라고 생각해요. 아무튼 계절과일을 베이스로 제품을 개발해 놓으면 맛 이외에도 좋은 점이 더 있답니다. 그건 제품 생산 단가입니다. 제철 과일이 아무래도 훨씬 저렴하죠. 출하가 많이 되니까요. 제품단가를 낮추면 똑같이 한 개의 제품을 팔아도 마진은 더 높아지겠죠? 그게 뭐가 중요할까 하겠지만 생산단가를 10% 낮추면 수입이 10%만큼 늘어나는거니 큰 차이입니다. 정리하자면

첫째, 제철 과일을 베이스로 제품을 만드세요.
둘째, 직접 가서 눈으로 보고 맛을 보고 고르세요.

● 단골도 좋지만…
그리고 한 가지 가지 더! 채소 과일을 거래하는 업체를 절대 한 곳으로 한정 짓지는 마세요. 보통 단골이 되면 배달도 해주고 가격도 더 저렴하게 해주는 장점이 있습니다. 하지만 만약 그곳에 원하는 품목의 재료가 없다면 그땐 어찌시겠어요? 가까운 마트에 가면 된다? 부랴부랴 마트에 갔는데 마트에도 없네? 옆집 슈퍼에도 없구요. 자주는 아니지만 가끔 그런 경우가 발생합니다. 특히 케일이나, 아스파라거스 같은 제품들이 그럴때가 있더라구요. 그럴때는 정말 난감하겠죠? 그러니 한 두군데에서 재료 공수가 가능하다고 해서 그 곳만 믿고 있다가는 나중에 낭패를 당할 경우도 있으니 거래처는 2, 3군데 정도 확보하는게 좋습니다. 그리고 경쟁도 되어 가격도 서로 잘 해주려고 합니다.

Section 13
위생교육과 사업자 등록, 각종 인허가 받기

인테리어가 진행되는 동안 예비사장님은 위생 교육부터 사업자 등록을 포함한 몇가지 인허가를 받아야 합니다. 생각보다 준비할 것도 많고 반드시 받아야만 하는 중요한 사항이 많습니다. 그렇기 때문에 인테리어를 직접하기 보다는 다른 분께 맡기라고 말씀드린거죠. 다음과 같은 사항을 반드시 이수하거나 받아야만 합니다.

- **보건증(건강진단 결과서)**
  - 발급장소 : 각 시, 군, 구 보건소
  - 서류 : 신분증, 수수료 1,500원
  - 내용 : 방사선, 임상병리, 채혈 등의 검사
  - 주의할 점 : 건강 진단 신청부터 발급까지 최소 3일에서 일주일 정도 소요

- **위생교육**
  - 시행처 : 한국휴게음식업중앙회(http://www.efa.or.kr)
  - 신청 : 교육 일정을 미리 알아본 후 교육 당일 접수 후 교육 가능.
  - 서류 : 주민등록증, 증명사진 1매, 교육비 2만6천 원
  - 교육시간 : 당일 교육 오전 9시~오후 4시(6시간)
  - 각 지역별로 교육 장소와 교육 시간이 상이 하므로 해당 홈페이지 참조(교육 일정이 맞지 않는 사람은 인터넷 수강가능).

- **영업허가증**
  - 주관청 : 관할 구청 (환경위생과)
  - 서류 : 영업장 평면도, 영업장 상호명, 영업 신고서(해당 구청에 구비), 임대차계약서 사본, 보건증, 위생 교육필증, 신분증, 소방방화시설완비증명서(30평 이상의 영업장 운영할 경우), 기타 LPG나 지하수 사용업소는 액화석유가스 사용 검사필증이나 수질검사 성적서를 추가로 내야함.
  - 등록비 : 28,000원
  - 소요시일 : 당일 발급

- **사업자등록증(영업개시 20일 이내 신고)**
  - 신고기관 : 관할 세무서
  - 필요서류 : 신청서(세무서에 비치), 임대차계약서 사본, 영업허가증, 신분증, 주민등록등본
  - 소요시일 : 당일 발급

사업자 등록증까지 발급되면, 인터넷, 포스기가 신청 가능합니다. 영업시작 하기 일주일전까지는 포스 설치해서 신용카드가 정상적으로 승인되는지 확인해야 하기 때문에 빨리 서류 작업 하고 사업자등록증 신청해서 포스 설치 하는 것이 좋습니다.

Section 14
세금관련

● **간이과세자와 일반과세자?**

세무서에 가서 사업자등록증을 발급 받으려면 간이과세를 선택할지 일반과세를 선택할지 결정하라고 합니다. 간이과세자? 일반과세자? 세금에 대한 부분은 직접세, 간접세 정도 밖에 모르고 살면서 세금과 직접 연관이 있었던 적은 회사다니면서 했던 연말정산이 전부인 사람들이 대부분이죠. 세금 관련된 부분은 왠지 어려울 것만 같아도 차근차근 이해하고 또 배우면 됩니다.

	간이과세자	일반과세자
대상	연 매출 4,800만 원 미만	연 매출 4,800만 원 이상
매출 세액	1.5%	10%
세금계산서	발행 불가	발행 가능
환급	불가능	가능
장점	반기별로 공급대가가 1,200만 원 이하 일 때 부가가치세 면제	물건 등을 구입하면서 받은 매입 세금계산서 상의 부가가치 차액을 전액 공제받을 수 있음
단점	부가가치세 환급을 받지 못하는 경우가 있음	간이과세자에 비해 높은 세율 적용

● **어떤 걸 선택 해야하나?**

처음 사업자를 시작하는 분은 간이과세자로 시작하면 됩니다. 왜냐하면 간이과세자가 일반과세자보다 세금이 훨씬 적게 나오기 때문입니다. 일반과세자의 매출세액은 10%죠. 하지만 간이과세자의 매출 세액은 1.5%입니다. 처음 오픈하고 매출이 일정수준 즉 손익분기점 이상 올라오지 않으면 손해인건 아시죠? 그런데 일반과세로 되어 있으면 안그래도 없는 매출 때문에 손해인데 일반과세 대상이 되어 세금도 더 냅니다. 시간이 지나서 매출이 올라 연매출이 4,800만 원 이상이면 향후 자동으로 일반과세자로 변경이 됩니다. 그렇기 때문에 처음부터 굳이 일반과세로 가실 필요는 없습니다.

● **무조선 간이과세자?**

무조건 간이과세자를 선택하면 되는 걸까요? 그렇지는 않습니다. 주스바는 처음에 간이과세자 선택이 가능하지만 업종에 따라 처음 창업했더라도 간이과세자 선택이 되지 않는 경우도 있습니다. 그리고 만약 동일한 사업자가 주스바와 주스 '제조업'을 함께 병행한다고 하면 이건은 일반과세자로 등록되어야 합니다. '제조업'은 간이과세자가 배제 되는 업종입니다. 왜냐하면 정부에서는 제조가공을 하면 그 만큼 마진율이 올라간다고 판단해서 충분히 세금을 낼수 있다고 생각하기 때문입니다. 그렇다면 일반적인 주스바는 다 간이과세가 가능한가요? 그것도 아닙니다. 간이과세가 배제되는 지역이 있는데 우리가 부동산을 말할 때 '상업지역'이다 '주거지역'에 위치해 있다라고 말하지요? 이렇게 나누는 것을 용도지역에 따른 구분을 한다고 하는데, 상업지역에 위치해 있으면 이때도 일반과세자가 된답니다. 상업지역에 가게를 오픈해서 장사하면 충분히 세금을 낼 만큼 여유가 된다라고 판단하는 것이겠죠. 그렇기 때문에 가게입지를 고려할 때 이 부분도 함께 고려해줘야 합니다. 만약 중심 상권으로 생각을 한다면 그 지역은 상업지역으로 분류가 되어 있어서 가게를 오픈하면 일반과세자로 사업자등록을 하셔야만 합니다.

일반과세자를 위한 팁
선택한 상가가 상업지역에 위치하여 향후 일반과세자로 등록을 해야할 경우 인테리어 계약 시 향후 세금계산서 발행이 가능한가를 미리 확인하고 가능하다면 세금계산서를 발행해 달라고 합니다. 세금계산서를 발행하게 되면 부가세 10%를 더 내는데 이때 내는 부가세는 향후 환급이 가능합니다. 가게 계약 시 임대료에 대한 부분도 마찬가지입니다. 건물주가 부가세 10%를 더하고 110만 원을 매월 임대료로 낼거나 부가세 없이 100만 원 낼거냐 선택하라고 하는 건물주도 있거든요. 간이과세자라면 당연히 처음에 부가세 환급이 어렵기 때문에 굳이 10%를 더 낼 필요가 없겠지만 일반과세자라면 부가세가 환급이 가능하고 비용처리가 가능한 부분이 있어서 10% 부가세를 더 내더라도 세금계산서를 발행해 달라고 하는 것이 유리합니다.

● **사업용 계좌 개설**

일정 규모 이상의 사업자라면 개인 계좌와 구분된 사업자용 계좌를 따로 개설해야 합니다. 이는 업체의 투명성을 강화하기 위해 도입한 제도로 2007년부터 시행되었어요. 사업용 계좌는 일반적으로 거래하는 제1금융권에서 개설 가능해요. 사업용 계좌를 신규 개설했을 시에는 사업용 계좌 개설 신고서를 작성하여 사업자 등록증 교부일로부터 3개월 이내에 관할 세무서에 제출합니다. 만약 사업용 계좌를 개설하지 않거나 사용하지 않을 경우에는 각 과세 기간 총 수입금액의 2/1000에 해당하는 금액이 가산세로 부과됩니다. 그러니까 꼭 하시길 바랍니다.

Part 03 / 디톡스주스바 창업하기

BEST 인기 ★ 메뉴 !!

1. 키위 ○○   4.5
2. ○○   ○○○○
3. 작일밀 ○○○○   5.0
4. ○○○ ○○○   5.0
5. ○○○○   1.0
6. ○○ ○○   4.0
7. ○○○○   5.0

"꼬마벌" 디톡스 주스

1. 키위 그린

2. 비트 주스

3. 오렌지 캐럿

120ml 3,000W

♡오늘의 메뉴♡
- 영플게이드 3.0
- 딸추스무디 5.0
- 키위스무디 5.0

★ 파인식초 ★
600ml 13.0
120ml 25.0

★가정과일청★
판매

Section 15
메뉴 콘셉트 잡기

주스바를 위해 어떤 제품을 어떻게 팔것인가를 생각하는 부분은 매우 중요합니다. 물론 수업을 통해 배운 것을 활용하고 다른 가게에서 인기리에 판매되고 있는 제품을 비슷하게 판매하는 것도 전략이 될 수 있겠지만, 그렇게만 하다가는 특색없는 가게가 되어 버리겠죠. 나만의 메뉴, 나만의 레시피가 반드시 있어야 합니다.

● **도움이 필요하다**

우리 가게만의 메뉴, 우리 가게만을 위한 메뉴를 개발할 때 주의할 점은 절대 혼자서 개발하고 만족해서는 안된다는 부분입니다. 개발을 할 때는 혼자서 할 수도 있지만 맛을 보고 평가를 받는 단계가 반드시 필요합니다. 주변 지인이나 카페, 주스바에 경험이 있는 베테랑들에게 자신이 개발한 메뉴에 대한 평가를 반드시 받는 것이 좋습니다.

● **레시피를 작성하라**

메뉴를 개발할 때에는 반드시 레시피를 작성합니다. 제품 개발 시 레시피를 작성해 놓아야 다음에 만들때도 똑같은 맛으로 만들 수 있습니다. 그리고 혹시나 이번 시즌에는 활용할 수 없더라도 다음 시즌에 활용이 가능하기도 하답니다. 그렇기 때문에 레시피를 작성해 놓는 것이 매우 중요하구요. 또 새로운 직원이 오더라도 레시피만 있으면 교육할 때에도 매우 편합니다.

● **항상 마진율을 생각하라**

메뉴를 개발하는 초기단계에는 가게 콘셉트와 맛, 스타일만을 생각해서 개발하겠지만 다음 단계로는 개발한 메뉴의 원가율이 얼마인가를 반드시 분석해야 합니다. 보통 초보 창업자들이 범하기 쉬운 실수가 '좋은 제품을 많이 팔면 많이 남겠지'라고 단순하게 생각하는데 그건 절대 잘못 생각하고 있는 부분입니다. 제품 하나하나의 원가율이나 단가도 계산을 해보지 않고 맛좋고 스타일 좋아서 많이만 팔리면 매출이 팍팍 오르고 수입이 늘거라고 생각합니다. 그렇게 팔았는데 제품 원가율이 낮았으면 다행이지만 반대라면 매출이 아무리 높아도 재료비, 인건비, 임대료 빼면 남는 것이 없을 수도 있고, 마이너스일 수도 있습니다. 주스 한개를 만들기 위한 재료비는 개당 단가의 30~40%가 적당해요. 제품마다 들어가는 재료의 종류와 양이 다르기 때문에 정확하게 맞추기는 어렵겠죠. 그렇지만 재료 단가를 최대한 낮추어야 합니다. 아무리 스타일 좋고 맛좋은 제품이라도 재료 단가가 50% 이상 되면 팔아봐야 수익이 별로 없답니다. 그리고 재료의 단가 책정을 할 때는 채소, 과일의 기본 재료 외에 제품 하나를 생산할 때 들어가는 물류 비용, 인권비 보관 비용, 일회용 빨대 보관통 등 고려할 수 있는 비용은 개당 단가에 다 포함시키는 것이 좋습니다. 그렇게 해야 나중에 매출에서 비용을 빼고도 충분한 수익이 나요. 메뉴 개발할 때는 항상 마진율을 생각하세요. 만약 마진율이 맞지 않는 제품이라면 아무리 맛좋고 보기 좋아도 과감히 버려야 합니다.

Section 16
직원 채용

가게를 오픈하면 손님을 맞이하고 제품을 만들고 또 팔고하면 되겠다고 단순하게 생각할 수도 있습니다. 틀린 생각은 아닙니다. 하지만 하나의 사업체를 운영한다는 것은 생각보다 할 일이 너무너무 많습니다. 그 중에서도 마음대로 안되는 것이 사람 관리인 것 같아요. 주스바는 아주 많은 직원이 일하는 공간은 아닙니다. 물론 규모에 따라 많은 직원이 필요한 경우도 있을 수 있겠지만 숙달된 직원 한 두명만 있으면 점주와 함께 즐겁게 일할 수 있는 곳이 주스바입니다.

● 직원 채용하기

어떤 직원을 채용할 것인가? 당연히 일 잘하고 착하고 싹싹하고 인물 좋은 직원을 뽑고 싶겠죠. 모든 점주들의 마음은 똑같습니다. 그렇지만 어떤 사람이 일 잘하고 착하고 싹싹한지 한두 번 면접보고서는 도무지 알 수가 없습니다. 그렇다고 아무나 뽑을 수는 없는 노릇이죠. 서류와 면접을 보면서 가장 잘 할 것 같은 직원을 뽑도록 노력해야겠죠. 다음 질문들을 참고하면서 면접을 본다면 그래도 확률을 좀 더 높일 수 있습니다.

❶ 카페에서 일한 경험이 있는가?
(카페 경험이 있는 직원이 없는 직원 보다 손이 빨라요.)
❷ 식당 주방에서 일한 경험이 있는가?
(주스바는 주방일이 많아요. 주방일 경험이 있는 직원이 일을 잘해요.)
❸ 전 직장에서는 주로 어떤 일은 했고 얼마나 오래 근무하였나?
(주스바 일은 숙달되는데 짧게는 한 달 길면 3개월 정도 걸려요. 빨리 그만두면 일이 숙달될 때쯤 그만 두는게 되겠죠? 그러면 새로 또 뽑아서 가르쳐야 하구요.)
❹ 주스바에서 일하기 위해 지원한 동기는 무엇인가?
(간혹 무슨 일을 하는 곳인지도 모르고 지원하는 친구들이 있습니다. 이런 친구들은 하루이틀 해보고 그만두는 경우가 많아요.)
❺ 앞으로 어떤 일을 하고 싶은가?
(꼭 무엇을 해야하는가에 대한 질문은 아니에요. 인생에 대해 아무 생각이 없는 사람은 말안해도 아시겠죠?)
❻ 거주하는 곳은 어디인가?
(집은 너무 가까울 필요는 없지만 30분 넘게 걸리면 오래 근무하기 힘들겠죠?)
❼ 결혼은 하였나?
(결혼을 했거나 앞둔 직원들은 그렇지 않은 직원들에 비해 상대적으로 책임감이 강한 부분이 있습니다. 절대적인 지표는 아니랍니다.)
❽ 사람만나는 일에 대해 어려움은 없나?
(주방에서 일하는 부분이 많지만 주문을 받을 때는 손님을 직접 대해야 하잖아요. 손님을 웃으면서 맞을 수 없다면 없느니만 못하겠죠.)

● **직원 채용시 주의사항**

1 신분 확인

주민등록등본은 받아서 보관하고 주민등록증은 대조하여 본인을 확인해야 합니다. 드문 경우이기는 하지만 신분을 숨기거나 위장한 채로 찾아오는 친구들이 있습니다. 이런 친구들은 나름의 사정이야 있겠지만 만약을 위해서 채용하지 않는 편이 좋습니다.

2 건강진단서 받기

요식업 종사자(아르바이트생 포함)는 법적으로 필히 건강진단서를 받아야만 해요. 만약 전염병이 있다면 큰일나겠죠? 그렇기 때문에 반드시 첫 출근 전에 건강진단서를 보건소에서 받아오라고 해야만 합니다. 그렇지 않고 일할 경우에 적발되면 사업주는 벌금을 냅니다.

3 근로계약서 작성

2012년 법개정에 따라 고용인과 피고용인은 반드시 근로계약서를 작성하도록 되어 있습니다. 근로계약서는 2부를 작성하여 1부는 고용인이 또 다른 1부는 피고용인이 보관합니다. 아직도 근로계약서를 작성하지 않는 고용주가 있다고도 합니다. 하지만 직원이 법적인 권리를 갖게 하기 위해서, 또 계약서를 작성함으로써 직원도 소속감을 갖으므로 필히 작성하도록 합니다.

● **직원 교육하기**

직원을 교육하는 과정은 뽑는 과정만큼이나 어렵고도 신중해야 합니다. 한 번 뽑은 직원이 계속해서 쭉~ 일해주면 얼마나 좋을까요? 그거야 점주들의 바람일 뿐이고, 요식업종의 직원들은 대개 짧게는 2, 3개월 길게는 1, 2년 정도 일하고 그만두거나 옮기는 경우가 많습니다. 새로운 직원들이 올 때마다 새로 교육해서 적응시키는 건 여간 어려운 일이 아니랍니다. 그래서 준비해야 할 것이 '업무 매뉴얼' 이에요. 매뉴얼이 있다면 직원도 체크해가면서 일할 수 있어서 빨리 적응하기 좋답니다. 직원을 구하기에 앞서서 매장에서 하루 정도 시간을 보내면서 예행연습을 하면서 작성하면 좋습니다.

업무 매뉴얼 예시

❶ 가게 앞마당 정리
- 카페트, 밀싹, 꽃 화분 꺼내기, 어닝 펴기, 자동문 고정(하절기에만 오픈)

❷ 홀 세팅
- 휴롬, 믹서기 장착
- 밸브 열고 스팀기 켜기
- 비닐, 플라스틱, 음식물, 종이 버리는 통 세팅

❸ 컴퓨터 세팅
- 포스 프로그램 켜기
- 시재 맞추기
- 노래 켜고 볼륨 조절
→ 테이블은 이용하는 매장일 경우 클래식, 팝이나 잔잔한 발라드 세팅하기

❹ 매대 정리
- 행주, 마른 행주, 도마 곳곳에 세팅
- 유리컵에 바 스푼, 주걱 준비
- 테이크아웃 용기 확인하고 채워넣기

❺ 자재 채우기
- 홀더, 빨대, 스틱, 쿠폰, 컵, 뚜껑 등 채우고 깔끔하게 Bar 정리

❻ 홀 청소
- 쓸고 닦기
- 테이블 및 선반의 먼지 청소 . 데코용 인테리어 용품 정리

❼ 재고 파악
- 필요한 것 사장님께 보고(물류신청은 공지시간 이전에 본사 신청할 것).

❽ 과일, 채소 정리
- 스무디, 생과일 주스에 쓰이는 모든 과일, 채소 정리하여 쇼케이스에 세팅
- 주의사항 : 모든 음식재료 선입선출

Section 17
가게 홍보하기

가게 홍보는 오픈 15일 전에 시작하는 것이 좋습니다. 너무 일찍부터 하면 사람들 기억에서 멀어질 수 있기 때문에 오픈 직전에 홍보를 해 효과를 극대화 합니다. 만약 이전에도 가게 홍보를 준비한다면 SNS 정도를 추천합니다. 오픈 후에는 안정적인 매출을 위해 쿠폰행사나 정기적인 이벤트를 계획하는 것이 좋습니다.

● SNS

홈페이지를 개설하면 가장 좋겠지만 홈페이지를 관리하는 비용이나 노력이 너무 많이 들어가는 단점이 있어 많은 분이 블로그를 선택합니다. 블로그는 만들기도 쉽고 관리하기도 쉽습니다. 서점에 가서 블로그 기초부터 자세히 나와있는 책을 한권 사서 공부해도 좋고, 파워블로거들의 온오프라인 강의를 들어도 좋습니다.

블로그는 반드시 본인이 운영하도록 하세요. 자신의 일처럼 맡아서 포스팅 해 줄 사람이 있다면 좋겠지만 대부분의 대행사는 단순히 이웃을 늘리고 방문자 수를 늘리는 것에 집중되어 있습니다. 하지만 주스바 산업 특성상 불특정 10명 보다는 관심있는 1명과 가깝게 지내는 것이 더 높은 매출을 올립니다.

카카오스토리의 경우, 카카오톡이나 옐로아이디와 연계하여 고객과의 관계를 가지는 데 장점이 있습니다. 또한 전 연령층에 고루 사랑받는다는 것이이 장점입니다. 하지만 이웃 수의 제한, 불특정 다수와의 정보 전달 기능이 떨어지므로 블로그와 카카오스토리채널을 함께 활용하길 권합니다.

인스타그램이나 페이스북은 10~20대 매출 비중이 높은 상권이라면 반드시 진행해야 합니다. 사진 한 장과 해시태그로 우리가게를 쉽게 알릴 수 있으니 어려워말고 도전하세요.

● 바이럴마케팅

SNS가 활성화되면서 소비자가 스스로 마케터가 되어 식당이나 가게를 홍보하기 시작했습니다. 물론 과거에도 손님들의 입에서 입으로 전해져서 '저 집 괜찮다, 색다르다. 맛있다.' 는 소문이 나는 입소문 마케팅이 있었습니다만

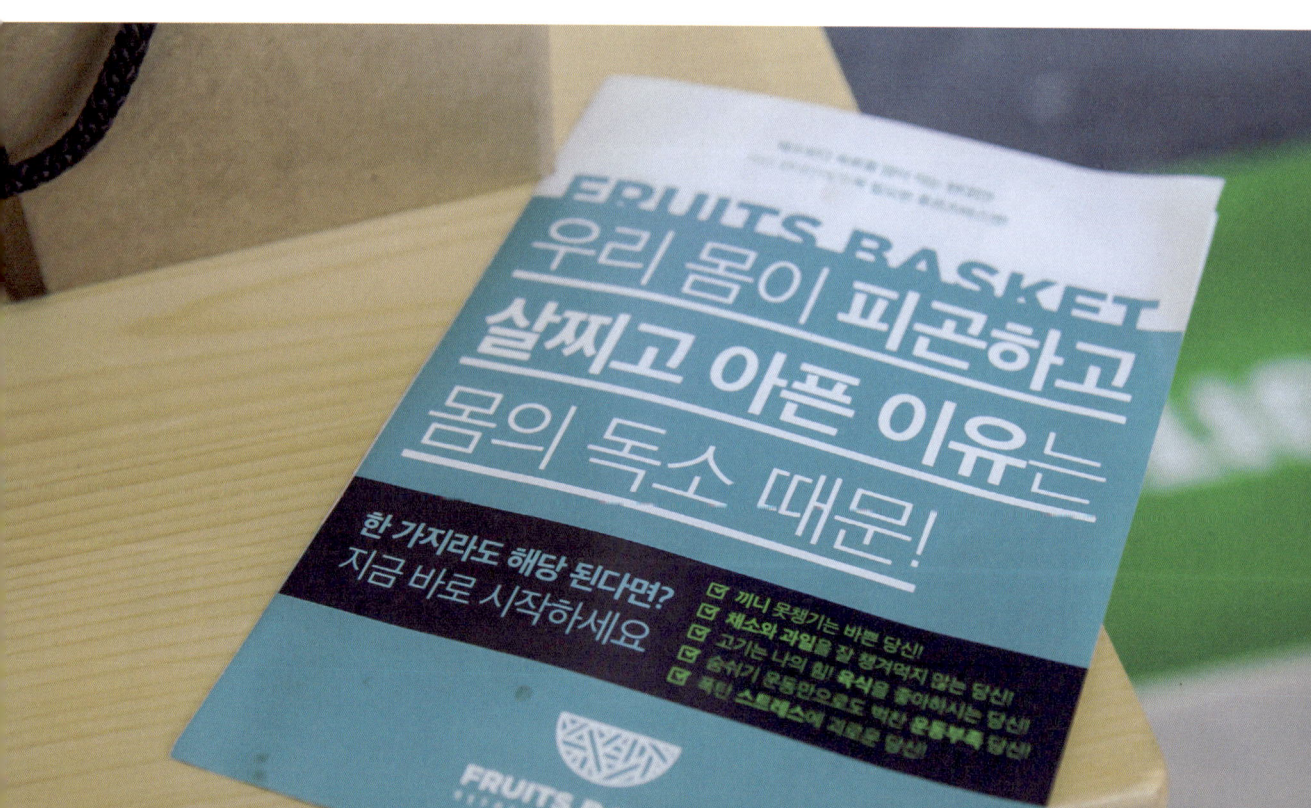

SNS가 더해지고 다양한 소식 전파 방법이 생겨나면서 최근 잘되는 식당들의 대다수는 이를 잘 활용한 가게들이 많습니다.

이를 위해 많은 분이 돈을 주고 리뷰어들을 사지만, 사람들은 이를 진심인지 아닌지 쉽게 알 수 있습니다. 가능하면 방문한 고객 한 명 한 명이 가게에 감동해 스스로 마케터가 될 수 있도록 합니다.

또 돈을 주고 리뷰어를 살 경우 같은 날 많은 사람들의 리뷰를 받는 것보다 일정 시간을 두고 나누어서 받는 것이 좋습니다. 예를 들어 5월 1일에 100명의 리뷰어를 초청하는 것 보다는 이를 5개월에 나누어서 매달 20명의 리뷰어를 초청하는 것이 더 낫다는 이야기입니다. 가게에 SNS 홍보 시 가격 할인 이벤트를 진행하는 것도 좋습니다.

● 전단지

예전 방식이기도 하고 낡고 효과도 없어 보이지만 아직도 시내에 나가면 손에 전단지를 쥐어 주는 홍보방식이 많이 남아 있습니다. 낡고 오래된 방법인데 과연 효과가 있을까? 하는 생각이 먼저 드는게 사실입니다. 하지만 분명 효과가 있는 방법이기도 합니다. 처음 가게를 오픈한 상태에서 가게 앞에서 가게 위치를 가르쳐 주면서 전단을 직접 나눠주는 방법은 오픈한 가게 위치를 알리기에는 더 없이 좋은 방법입니다. 손님에게 전단지 한 장을 전해 주면서 여기 새로운 가게가 오픈했다고 알려주세요. 지금 당장은 아니더라도 기억하고 찾아오는 손님이 있습니다.

● 브로셔

브로셔는 지금 당장 어떠한 홍보를 효과를 노린다기 보다는 가게를 찾은 손님에게 어떤 생각으로 제품을 생산하고, 제품은 어떤 효과가 있는지 전달하기 위해서 제작이 필요합니다. 반드시 제작을 하세요. 제품이 나갈 때 마다 하나씩 끼워서 손님에게 드려도 됩니다. 손님은 우리가 만든 브로셔를 통해서 우리 가게에 어떤 제품들이 있는지 더 많이 알게 됩니다.

Section 18
고객 관리하기

주스바 운용에서 가장 중요한 부분이 아닐까하는 생각이 듭니다. 디톡스 주스를 어떻게 먹어야 하는지 모르는 손님이 많죠. 처음 오는 손님에게는 5분, 10분 열심히 설명을 드려도 집에 가서 또 물어보는 분들이 많습니다. 당연한 부분이죠. 처음 접하는 제품이라 잘모르고 경험이 없기에 두렵고 단가도 비싼 편이라서 기대하는 부분도 크기 때문입니다.

● 카카오톡

카카오톡이 생기면서 친구들과 직장동료들과 또 고객들과도 카톡으로 안부를 묻게 됩니다. 전화로 하면 서로 불편하고 말이 길어지기에 손님들도 전화상담 보다 카카오톡을 선호합니다. 주스를 드시는 손님이 잘 드시고 있는지 불편한 점은 없는지 드시고 나서는 어떤가에 대해 지속적으로 안부를 묻고 관리를 해주는 것이 좋습니다. 손님들은 관리를 받고 있다고 느끼고 한편으로는 신뢰감을 느끼게 됩니다.

또한 손님이 궁금해 하는 점은 미리미리 핸드폰 노트란에 정리해 놓았다가 한 번에 전송하면 관리하기에 편한 부분도 있습니다.

● SNS

손님 중에 SNS를 하는 손님이 있으면 친구 추가를 합니다. 손님의 새로운 사진이나 댓글에 답글도 달아주고, 우리의 신제품이 나오면 사진으로 올려서 손님이 즉시 볼 수 있도록 합니다.

● 회원명부 만들기

디톡스 주스 프로그램은 매일 할 수 있는 프로그램이 아니죠. 한 달에 한두 번 할 수도 있고 한참 지나서 3개월 6개월 후에 할 수도 있는 프로그램입니다. 그렇기 때문에 회원명부를 만들어 놓으면 다음에 손님이 다시 연락이 왔을 때 기존 손님인지 신규 손님인지 바로 알 수가 있습니다. 손님은 그런 작은 배려에 감동하기도 합니다. 그리고 회원명부는 나중에 데이터로도 활용할 수 있습니다. 우리 고객이 어디에 많이 살고 있는지, 연령대는 주로 어떤지, 어떤 직업군이 많은지 등. 시간이 지나 데이터가 많이 쌓이면 그런 분석도 할 수 있으니 미리미리 회원명부와 간단한 설문지를 만들어 놓아서 회원들을 관리하는 게 좋습니다.

주스바 레시피에서 창업과 운영까지
처음 시작하는 소액 주스바 창업

펴낸날	초판 1쇄 인쇄 2016년 05월 01일
	초판 1쇄 발행 2016년 05월 08일

지은이	백서연 · 장서령
펴낸이	최병윤
펴낸곳	리얼북스
출판등록	2013년 7월 24일 제315-2013-000042호

주소	서울 마포구 성산동 275-56 교홍빌딩 302호
전화	02-334-4045
팩스	02-334-4046
이메일	sbdori@naver.com

종이	일문지업
인쇄제본	(주)알래스카인디고
사진	정춘영
디자인	아홉번째 서재

ⓒ 백서연 · 장서령

ISBN   979-11-86173-27-5 13590

값은 뒤표지에 있습니다.
잘못 만들어진 책은 구입하신 서점에서 바꾸어 드립니다.